사춘기 부모
52일 기도학교

사춘기 부모 52일 기도학교

© 생명의말씀사 2025

2025년 3월 20일 1판 1쇄 발행

펴낸이 | 김창영
펴낸곳 | 생명의말씀사

등록 | 1962. 1. 10. No.300-1962-1
주소 | 서울시 종로구 경희궁1길 6 (03176)
전화 | 02)738-6555(본사) · 02)3159-7979(영업)
팩스 | 02)739-3824(본사) · 080-022-8585(영업)

지은이 | 곽상학, 이도복

기획편집 | 이주나
디자인 | 김혜진
인쇄 | 영진문원
제본 | 다온바인텍

ISBN 978-89-04-16913-9 (03230)

저작권자의 허락 없이 이 책의 일부 또는 전체를
무단 복제, 전재, 발췌하면 저작권법에 의해 처벌을 받습니다.

느헤미야가 무너진 성벽을 재건한 52일,
사춘기 자녀를 세우는 기도학교에

오늘 입학합니다!

곽상학 · 이도복

잔소리보다 기도로

걱정보다 믿음으로

사춘기 부모
52일 기도학교

추천의 글

무슨 일이든 진심으로 행하는 사람을 존경합니다. 제가 아는 목사님은 청소년에게 진심인 분입니다. 무엇을 보든, 무엇을 먹든, 어떤 대화를 나누든, 그의 시선과 생각은 늘 청소년에게 향해 있습니다. 그만큼 아이들을 향한 사랑과 고민이 깊고, 그가 하는 말 한 마디 한 마디에는 무게가 실려 있습니다.

저는 특히, 자신이 직접 살아낸 삶을 이야기하는 사람을 존경합니다. 목사님은 귀한 자녀들을 키우며, 이 세상 그 어떤 부모 못지않게 다양한 경험을 쌓아온 분입니다. 그래서인지 이 책에 담긴 기도들은 단순한 글이 아니라, 실제 삶에서 우러나온 고백이고, 무릎 꿇고 드린 간절한 기도입니다. 부모로서 우리가 맞닥뜨리는 현실적인 고민과 아픔이 그대로 담겨 있어, 읽다 보면 자연스럽게 가슴이 먹먹해지고, 함께 기도하고 싶어집니다.

저도 제 아들과 매주 52일간 하나씩 나누며 기도해야겠다는 생각이 들었습니다. 자녀를 향한 사랑이 담긴 무릎의 자리로 초대하는 이 책을, 자녀를 향한 마음이 누구보다 깊은 부모님들께 꼭 곁에 두고 함께 기도해 보시라고 권해드리고 싶습니다.

윤은성 (목사, 어깨동무학교네트워크 대표, 어번데일벤처스 센터장)

저는 사춘기를 맞이한 세 딸의 엄마입니다. 아이들이 어릴 때는 작은 손을 꼭 잡고 제 소견대로 인도하려 애썼습니다. 그런데 자녀의 사춘기를 맞닥뜨리며 엄마인 저 역시 길을 잃고 헤매는 것 같았습니다. 자녀가 나갈 세상은 여리고성처럼 크고 견고해 보였고 엄마인 저는 한없이 작아 보였습니다. 아이가 힘든 시기를 보낼 때는 실패할까 두려웠고, 때론 저에게서 등을 돌리는 모습에 막막해져 눈물을 흘리기도 했습니다. 하지만 하나님은 괜찮다고 위로하시며 아이들을 하나님 아버지께 온전히 맡기라고 격려해 주셨습니다.

이제 저는 이 책을 펴고 아이들의 이름을 넣고, 마음과 뜻을 담아 소리 내어 읽으며 기도합니다. 말씀과 묵상으로 정돈된 이 기도들은 먼저 하나님께 제 영혼을 정렬하는 소중한 시간이 되었습니다. 저를 향한 주님의 사랑 앞에 울컥하고, 자녀를 향한 은혜에 감격하여 눈물이 터지기도 합니다. 기도는 단순한 의무가 아니라 기쁨이 되었고, 자녀를 하나님 나라의 사명자로 선포하며 그분께서 아름답게 빚어가실 풍성한 삶을 소망하게 되었습니다. 사춘기 자녀를 바라보며 가슴이 먹먹한 모든 부모님들께 이 책으로 하나님의 위로와 소망, 그리고 영광을 전해드립니다.

이정현 (충신교회 집사, 재아 재연 재원이의 엄마)

사춘기 자녀를 둔 부모라면 누구나 고민이 많아집니다. 부모의 조언이 전혀 먹히지 않는 것 같을 때도 많죠. 그럴수록 부모는 더욱 기도로 아이를 품어야 합니다. 하지만 도대체 어디서부터 어떻게 기도해야 할지 막막할 때가 있습니다.

『사춘기 부모 52일 기도학교』는 이런 부모들에게 방향을 제시해 주는 귀한 책이자, 사춘기 자녀를 둔 부모가 어떻게 기도로 동행할 수 있는지를 명확하게 알려주는 안내서입니다. 신앙, 정서, 학업, 관계, 진로 등 사춘기 아이들이 마주하는 현실적인 문제들을 하나하나 짚어가며, 성경을 바탕으로 기도하게 합니다.

특히, 이 책은 부모와 자녀가 함께 성장하는 기도의 여정을 제시합니다. 사춘기의 거친 파도 앞에서 부모가 해야 할 일은 결국 '기도로 품고, 믿음으로 맡기는 것'입니다. 자녀를 위해 기도하고 싶은데 막연하기만 했던 부모님들, 사춘기 자녀와 신앙 안에서 더 깊은 관계를 맺고 싶은 부모님들께 꼭 추천하고 싶습니다.

『사춘기 부모 52일 기도학교』와 함께 기도의 벽돌을 하나씩 쌓아가다 보면, 부모와 자녀가 함께 믿음 안에서 성장하는 놀라운 경험을 하게 될 것입니다.

차길영 (세븐에듀 대표)

프롤로그

사춘기 부모 52일 기도학교에 오늘 입학합니다!

 부모가 된다는 것은 한 사람의 삶을 온전히 품고 사랑하는 놀라운 축복입니다. 하지만 동시에, 말로 다할 수 없는 도전의 연속이기도 합니다. 기쁨과 감사 가운데 자녀를 양육해 온 모든 시간이 쌓여 아이는 점점 성장해 가지만, 어느 날 문득 아이가 사춘기를 맞이하며 걱정과 혼란, 때로는 안타까움이 교차하는 순간들을 경험하게 됩니다.

 사춘기는 자아를 찾아가는 과정에서 겪는 필연적인 변화의 시기입니다. 때로는 이유 없이 날 선 말을 던지기도 하고, 반항적인 태도로 부모 마음을 애태우기도 하고, 말없이 자신의 세계로 숨어들기도 합니다. 이런 모습을 지켜보며 부모로서 도와주고 싶지만 어떻게 해야 할지 막막할 때가 많습니다. 말 한마디에도 혹 아이에게 상처를 주지는 않을까 또는 오해를 사게 되지는 않을까 조심스러워지고, 때로는 부모의 한계를 절감하며 깊은 무력감에 빠지기도 합니다.

 이 책은 바로 그러한 부모님들을 위해 준비되었습니다. 부모인 내 힘만으로는 감당하기 어려운 순간들을 솔직하게 인정하고, 하나님께서 내 자녀를 붙들어 주시기를 원하기 때문입니다. 기도는 나의 한계를 인정하고 나의 연약함을 채우시기를 바라는 가장 숭고한 기다림입니다. 무엇보다 사랑하는 자녀를 가장 선하신 하나님의 손에 맡기는 믿음의 행위입니다.

느헤미야가 무너진 성벽을 다시 쌓아 올린 52일처럼 『사춘기 부모 52일 기도학교』에 입학하여 하루하루 자녀를 위해 기도하며 하나님께서 주시는 지혜와 평안을 경험하시길 바랍니다. 이 믿음의 여정을 통해 하늘의 위로를 받고, 자녀를 향한 사랑이 더욱 깊어지며, 하나님께서 예비하신 아름다운 변화가 시작되기를 간절히 기도합니다.

사랑하는 사춘기 자녀를 위해, 그리고 부모이기 전에 하나님의 귀한 자녀인 나 자신을 위해, 지금 이 자리에서 함께 기도를 시작해 보겠습니다!

곽상학 · 이도복

CONTENTS

추천의 글 4
프롤로그 8

믿음과 신앙

하나님을 힘써 아는 자녀로 자라기를 바랄 때

01일	하나님을 경외하고 사랑하는 청소년	20
02일	창조주를 찬양하는 예배자로 서는 청소년	22
03일	하나님의 사랑을 경험하는 청소년	24
04일	자신의 존재 가치를 깨닫는 청소년	26
05일	말씀을 사랑하고 묵상하는 청소년	28
06일	하나님의 인도하심을 신뢰하는 청소년	30
07일	하나님 앞에서 정직한 청소년	32

사춘기 자녀, 어떻게 대해야 할까? ❶ 사춘기의 변화   34

> 공부 습관

공부로 힘들어 하는 자녀를 지켜볼 때

08일 ǀ	공부에 성실히 임하는 청소년	38
09일 ǀ	공부의 목표를 하나님께 올려드리는 청소년	40
10일 ǀ	시험의 압박 속에서도 평안을 누리는 청소년	42
11일 ǀ	실패를 통해 배우는 청소년	44
12일 ǀ	하나님의 지혜를 구하며 공부하는 청소년	46
13일 ǀ	과도한 경쟁에서 자유함을 얻는 청소년	48
14일 ǀ	공부를 통해 하나님께 영광 돌리는 청소년	50

사춘기 자녀, 어떻게 대해야 할까? ❷ 사춘기 이해하기   52

CONTENTS

건강한 마음

자녀가 말은 안 해도 신호를 보낼 때

15일	긍정적으로 사고하는 청소년	56
16일	상처와 아픔을 하나님께 올려드리는 청소년	58
17일	마음의 평강을 구하는 청소년	60
18일	감사하는 태도를 배우는 청소년	62
19일	용서의 힘을 경험하는 청소년	64
20일	정직한 마음을 키우는 청소년	66
21일	자존감을 회복하는 청소년	68

사춘기 자녀, 어떻게 대해야 할까? ❸ 사춘기의 마음 … 70

좋은 친구를 만나 건강한 관계 맺기를 바랄 때

22일 ǀ 부모와 마음을 나누는 청소년	74
23일 ǀ 친구와의 갈등을 해결하는 청소년	76
24일 ǀ 좋은 신앙 멘토를 만나는 청소년	78
25일 ǀ 교회 공동체 안에서 성장하는 청소년	80
26일 ǀ 학교에서 믿음을 지키는 청소년	82
27일 ǀ 모든 사람과 화목하게 지내는 청소년	84
28일 ǀ 타인을 배려하며 섬기는 청소년	86

사춘기 자녀, 어떻게 대해야 할까? ❹ 사춘기의 우정   88

CONTENTS

진로

모르겠다고 말하는 자녀를 보며 조급해질 때

29일	하나님의 계획을 발견하는 청소년	92
30일	자신의 재능을 하나님께 드리는 청소년	94
31일	세상 속에서 빛과 소금이 되는 청소년	96
32일	진로에 대한 계획을 구체화하는 청소년	98
33일	목표를 향해 열정을 유지하는 청소년	100
34일	현실의 어려움 속에서도 꿈을 놓지 않는 청소년	102
35일	실패를 통해 단단해지는 청소년	104

사춘기 자녀, 어떻게 대해야 할까? ❺ 사춘기의 대화　　106

생활 속 작은 순간도 함께해 주시기를 구할 때

36일	정결한 마음을 지키는 청소년	110
37일	세상의 유혹을 멀리하는 청소년	112
38일	미디어와 스마트폰을 절제하는 청소년	114
39일	또래의 분위기에 흔들리지 않는 청소년	116
40일	하나님의 말씀으로 세상을 이기는 청소년	118
41일	바른 선택을 하는 지혜로운 청소년	120
42일	영적 전투에서 승리하는 청소년	122

사춘기 자녀, 어떻게 대해야 할까? ❻ 사춘기의 성 124

CONTENTS

교회생활

교회 가기 싫다는 아이를 보며 염려가 찾아들 때

43일	성령님의 인도하심을 구하는 청소년	128
44일	기도의 삶을 실천하는 청소년	130
45일	복음에 헌신하는 청소년	132
46일	삶으로 예배하는 청소년	134
47일	복음을 전하는 일에 열정을 품는 청소년	136
48일	교회와 공동체를 섬기는 청소년	138
49일	주님과 친밀함을 나누는 청소년	140

사춘기 자녀, 어떻게 대해야 할까? ❼ 사춘기의 신앙 — 142

불안 속에서도 하나님만 바라기를 소망할 때

50일	하나님의 꿈을 비전으로 품은 청소년	146
51일	믿음 안에서 가정을 이루는 청소년	148
52일	하나님 나라를 위해 사는 청소년	150

믿음과 신앙

하나님을 힘써 아는 자녀로
자라기를 바랄 때

1일

하나님을 경외하고 사랑하는 청소년

네 마음을 다하고 목숨을 다하고 뜻을 다하여
주 너의 하나님을 사랑하라 (마태복음 22:37)

사랑의 하나님 아버지,
사랑하는 _____가 온 마음과 목숨과 뜻을 다해
하나님을 경외하고 사랑하는 마음으로
주님께 가까이 나아가는 자녀로 자라나기를 원합니다.
세상의 많은 유혹과 헛된 것들을 뒤로하고
하나님을 향한 사랑이 가장 우선이 되게 해 주세요.

주님의 크신 사랑과 은혜를 알고
날마다 주님을 향한 더욱 깊은 신뢰가
순종으로 이어지는 _____가 되기를 기도합니다.
삶의 모든 순간에 하나님의 뜻을 구하며,
그 뜻에 따라 용기 있게 살아가게 인도해 주세요.

다윗처럼, 다니엘처럼 하나님을 사랑하며
기쁨과 감사가 넘치는 오늘을 살게 하시고,
그 사랑이 삶의 동력이 되어
어려움이 찾아올 때도 믿음을 잃지 않게 붙들어 주세요.

부족하고 연약한 부모이지만
주님께서 저에게 주신 자녀를
다시 주님 손에 온전히 맡겨 드립니다.
_____의 삶이 주님께 드리는
아름다운 예배가 되게 하시고,
하나님을 경외하고 사랑하는 마음이
_____의 평생을 이끄는 중심이 되기를 소망합니다.
예수님의 이름으로 기도합니다. 아멘.

my prayer

2일

창조주를 찬양하는 예배자로 서는 청소년

**너는 청년의 때에
너의 창조주를 기억하라** (전도서 12:1)

창조주 하나님,
사랑하는 _____가
자신을 창조하신 하나님을 기억하며,
주님을 찬양하고 예배하는 자녀로
자라나게 해 주세요.
자신의 존재가 하나님의 사랑과 은혜로 지음받은
특별한 작품임을 깊이 깨닫게 하시고,
그 감사함을 찬양과 예배로 표현하기 원합니다.

하나님의 창조 섭리를 거스르는 시대의 흐름 속에서도
하나님의 창조주 되심과 다스리심을 확신하며
믿음 속에 거하는 자녀 되기를 기도드립니다.

주님, _____가 예배를 단순히 의무로 여기지 않고,
삶의 중심으로 삼는 예배자가 되길 원합니다.
예배를 통해 하나님과의 관계가 깊어지며,
삶의 목적을 발견하게 해 주세요.
작은 일상 속에서도 주님의 은혜를 발견하며,
하나님께 영광 돌리는 삶을 살아가게 해 주세요.

_____의 마음에 찬양의 기쁨이 넘쳐나고
그 기쁨이 삶의 곳곳에 흘러가기를,
그래서 _____의 삶이 주님께 드리는
거룩한 예배가 되게 해 주세요.
예수님의 이름으로 기도합니다. 아멘.

my prayer

3일

하나님의 사랑을 경험하는 청소년

**우리가 아직 죄인 되었을 때에 그리스도께서 우리를 위하여 죽으심으로
하나님께서 우리에 대한 자기의 사랑을 확증하셨느니라** (로마서 5:8)

사랑의 하나님,
_____가 하나님의 무조건적이고
크신 사랑을 온전히 체험하며,
그 사랑 안에서 자신이 얼마나 귀하고 소중한 존재인지
마음속 깊은 곳에서 깨닫기를 원합니다.

십자가를 통해 보여 주신 하나님의 사랑 때문에
때로는 눈물을 지을 수 있는 감동을 주시고
예수님의 놀라운 사랑 때문에
감사의 무릎을 꿇을 수 있는 감격을 허락해 주세요.

세상의 기준과 비교 속에서
흔들리지 않게 붙들어 주시고,
하나님의 크신 사랑으로 _____를
온전히 채워 주시기를 원합니다.

하나님의 사랑이 _____의 마음을 치유하고,
삶의 방향과 목적을
올바르게 세우는 빛이 되도록 이끌어 주세요.

하나님의 사랑으로 삶이 더 풍성해지며,
매일 주님의 은혜를 충만히 누리기를 소망합니다.
예수님의 이름으로 기도합니다. 아멘.

my prayer

_____

_____

_____

_____

4일

자신의 존재 가치를 깨닫는 청소년

내가 주께 감사하옴은 나를 지으심이 심히 기묘하심이라
주께서 하시는 일이 기이함을 내 영혼이 잘 아나이다 (시편 139:14)

창조주 하나님,
사랑하는 _____가 하나님께서 자신의 삶을 위해
계획하신 소중한 뜻을 깨닫고,
주님 안에서 자신이 얼마나 귀한 존재인지
날마다 고백하기를 원합니다.
이 세상의 잣대와 비교 속에서 흔들리지 않고,
_____는 하나님의 형상대로 지음받은 특별한 존재임을
늘 기억하게 해 주세요.

주님, _____가 연약함 속에서도
하나님의 능력을 경험하며,
삶의 모든 순간에 하나님의 은혜를 깊이 느끼게 해 주세요.

주님께서 계획하신 특별한 목적과 소명을
기쁨과 감사함으로 받아들이며,
그 안에서 주님의 뜻을 이루어가게 도와주세요.

하나님, _____가 자신을 소중히 여기고 사랑하며,
동시에 다른 사람을 존중하고 사랑하는
넓은 마음을 품기 원합니다.
하나님께서 주신 삶을 감사하며,
그 감사로 주님의 영광을 드러내는
자녀가 되기를 간절히 소망합니다.
예수님의 이름으로 기도합니다. 아멘.

__my prayer__

5일

말씀을 사랑하고 묵상하는 청소년

**이 율법책을 네 입에서 떠나지 말게 하며
주야로 그것을 묵상하여 그 안에 기록된 대로 다 지켜 행하라
그리하면 네 길이 평탄하게 될 것이며 네가 형통하리라** (여호수아 1:8)

말씀으로 역사하시는 하나님,
사랑하는 _____가 하나님의 말씀을 사랑하며
그 말씀을 날마다 묵상하는 삶을 살아가게 해 주세요.
말씀 속에서 주님의 지혜와 뜻을 발견하고,
말씀을 기준으로 삶의 방향을 선택하며
하나님 안에서 뜻을 이루어가길 소망합니다.

주님, _____가 말씀을 읽고 듣는 데 그치지 않고
그 말씀을 마음에 새기며 사랑하는 마음으로
삶 속에서 실천하는 자녀가 되기를 원합니다.
하나님의 말씀이 _____의 어두운 길을 밝히는 빛이 되고
위로와 힘이 되게 도와주세요.

하나님, _____가 중요한 결정의 순간마다
말씀을 확신 있게 붙들게 하셔서
말씀이 나를 이끄시는 경험과
말씀이 나를 살리시는 은혜와
말씀이 나를 회복시키시는 복을 경험하며
말씀으로 평안과 확신을 누리길 기도합니다.

말씀이 _____의 삶을 풍성하게 하고,
하나님께서 기뻐하시는 열매를 맺는
복된 길을 걸어갈 것을 신뢰하며
예수님의 이름으로 기도합니다. 아멘.

my prayer

_____

_____

_____

_____

6일

하나님의 인도하심을 신뢰하는 청소년

**사람이 마음으로 자기의 길을 계획할지라도
그의 걸음을 인도하시는 이는 여호와시니라** (잠언 16:9)

인도하시는 하나님,
사랑하는 _____가 자기의 길을 계획하기 전에
먼저 하나님의 인도하심을 구하며,
주님의 계획을 신뢰하는 자녀로 자라나게 해 주세요.
자기 힘과 지혜를 의지하지 않고,
언제나 하나님께 나아가 하나님의 뜻을 묻는
겸손한 마음을 허락해 주세요.

주님, _____가 삶의 크고 작은 결정 속에서
하나님의 뜻을 분별하며
그 뜻에 순종하는
담대한 믿음을 갖도록 가르쳐 주세요.

어려운 상황 속에서도 주님께서 함께하심을 확신하며
두려움 대신 주님의 평강을 누리는 삶을 살게 해 주세요.

하나님, _____가 주님의 말씀과
성령의 인도하심을 따라 바른 길을 걷고
그 길이 주님께서 준비하신
선하고 완전한 길임을 확신하기를 소원합니다.

주님의 손길 속에서 삶의 모든 순간이
축복으로 가득 채워져,
_____의 삶 속에 하나님의 영광이 드러나도록
은혜를 부어 주세요.
예수님의 이름으로 기도합니다. 아멘.

my prayer

7일

하나님 앞에서 정직한 청소년

마음이 굽은 자는 여호와께 미움을 받아도
행위가 온전한 자는 그의 기뻐하심을 받느니라 (잠언 11:20)

진리의 하나님,
사랑하는 _____가 모든 상황 속에서
하나님 앞에 서는
정직한 사람으로 자라기를 원합니다.
거짓이나 불의에 타협하지 않게 하시고,
바른길을 선택하는 용기를 허락해 주세요.

고민과 갈등의 순간이 찾아올 때
하나님 앞에서 진실하게 서서
이 결정이 하나님이 기뻐하시는 일인지
분별할 수 있는 지혜를 부어 주세요.

_____가 하나님께는 기쁨이 되고,
사람들에게는 신뢰를 얻는
축복의 통로가 되길 간구합니다.
어떠한 순간에도,
하나님께서 함께하심을 믿으며
끝까지 진리의 말씀을 따르게 도와주세요.

_____의 말과 행동이 정직함으로 가득 차,
하나님의 영광이 드러나기를 간구합니다.
정직한 마음이 _____의 삶에
중심이 되기를 간절히 소망하며,
예수님의 이름으로 기도합니다. 아멘.

my prayer

사춘기 자녀, 어떻게 대해야 할까? ❶ / 사춘기의 변화

사춘기의 신체 변화,
부모의 따뜻한 시선이 필요해요

  자녀가 갑자기 달라진 모습을 보이면 부모로서 당황스러울 수 있습니다. 사춘기는 목소리가 달라지고, 키가 자라며, 얼굴에 여드름이 나고, 체형이 변화하는 등 신체적으로 급격한 변화가 일어나는 시기입니다. 그러나 이러한 변화는 단순한 외적인 변화에 그치지 않고, 자녀의 마음과 감정에도 큰 영향을 미칩니다.

  이 시기의 청소년은 자신을 이전과 다르게 느끼며, 주변의 시선에 한층 더 예민해집니다. 몸이 어색하게 느껴지고, 친구들 앞에 나서는 것조차 부담스러울 수 있습니다. 또한 성(性)과 관련된 관심이 자연스럽게 증가하면서 혼란을 느낄 수도 있습니다. 부모에게 어른처럼 대우받고 싶어 하면서도, 동시에 보호받고 싶어 하는 복잡한 감정을 품게 됩니다.

  이럴 때 부모는 자녀의 변화를 따뜻하게 인정해 주고, 공감해 주는 것이 필요합니다. "사춘기는 다 그래"라며 대수롭지 않게 여기기보다, 자녀가 느끼는 감정을 존중해 주세요. "요즘 몸이 많이 변해서 신경이 쓰이겠다. 나도 너처럼 변화를 겪을 때 어색했어. 하지만 네 몸이 건강하게 자라고 있다는 증거야. 필요한 게 있으면 언제든 말해 줘"라고 이야기해 준다면 자녀에게 큰 힘이 됩니다.

성경은 우리 몸이 하나님의 놀라운 작품임을 말합니다. "내가 주께 감사하옴은 나를 지으심이 심히 기묘하심이라"(시 139:14). 하나님은 자녀가 성장하는 사춘기 과정까지도 아름답게 계획하셨습니다. 그러므로 부모가 자녀의 변화를 두려워하기보다 하나님의 섭리 안에서 기쁘게 받아들이면 더 넓은 시각으로 아이를 바라볼 수 있습니다.

1. 신체 변화에 대한 정보 제공해 주기

자녀가 느끼는 혼란을 덜어 주기 위해 부모가 먼저 공부하고 쉬운 언어로 설명해 주세요.

2. 정서적 안전지대 마련해 주기

자녀가 언제든 편안하게 마음을 털어놓을 수 있도록, 공감하고 들어주는 부모가 되어 주세요.

3. 지나친 간섭보다 함께하는 관심을 보이기

외모를 지적하기보다 함께 운동을 하거나 건강한 식단을 만들며 자연스럽게 대화를 나누세요.

부모의 따뜻한 인정과 지지가 있다면, 자녀는 자신의 신체 변화를 불안이 아닌 성장의 과정으로 받아들일 수 있습니다. 이 시기를 겪어가는 자녀에게 든든한 버팀목이 되어 주세요. 하나님께서 주신 아름다운 성장의 과정임을 기억하며, 기도하는 마음으로 동행하길 바랍니다.

공부 습관

공부로 힘들어 하는
자녀를 지켜볼 때

8일

공부에 성실히 임하는 청소년

**정직한 자의 성실은 자기를 인도하거니와
사악한 자의 패역은 자기를 망하게 하느니라** (잠언 11:3)

지혜를 주시는 하나님,
사랑하는 _____가 맡겨진 학업에 성실히 임하며
공부하는 모든 과정 속에서 하나님께 영광을
돌리는 이유를 발견하길 소원합니다.

단기적인 결과에 연연하기보다,
멀리 내다보고 하나님의 계획하심을 신뢰하고
주어진 책임을 다하며
최선을 다하는 기쁨을 배우게 해 주세요.

주님, _____가 하나님의 인도하심을 구할 때마다
넘치는 지혜와 능력을 더하여 주세요.

게으름이나 안주함에 빠지지 않도록 붙들어 주시고,
시간을 소중히 여기며
주님께서 주신 사명을
준비하는 마음을 품게 해 주세요.

하나님, _____가 학업을 통해 얻는 지식을
단순한 성취가 아닌 하나님의 도구로 사용하게 하셔서,
주님께서 맡기신 삶의 길을 향해
멋지고 아름답게 전진하도록 함께해 주세요.
예수님의 이름으로 기도합니다. 아멘.

my prayer

9일

공부의 목표를 하나님께 올려드리는 청소년

**너의 행사를 여호와께 맡기라
그리하면 네가 경영하는 것이 이루어지리라** (잠언 16:3)

전능하신 하나님,
사랑하는 _____가 공부의 목표와 계획을
하나님께 온전히 맡겨 드리며,
주님께서 주시는 지혜와 평강을 누리기를 기도합니다.

세상의 성공 기준에 휘둘리지 않고,
하나님의 영광을 위한 목표를 세우는
믿음의 자녀가 되게 도와주세요.

주님, _____가 공부하며 어려움을 만날 때마다
주님께 의지함으로 승리하는 경험을 허락해 주셔서
성취의 기쁨을 누리게 붙들어 주세요.

목표를 이루는 과정에서
성실함과 인내를 배우게 하시고,
어려움 속에서도 주님의 손길을 더욱 신뢰하게 해 주세요.

하나님, _____가 자신의 노력과 성과를
오직 주님께 감사로 올려드리게 하셔서
이 과정을 통해 평생을 인도하시는 하나님을 확신하며
도우시는 하나님을 고백하기 원합니다.

_____의 모든 것을 주님께 맡기는 믿음 속에서
참된 평강을 누리는 삶을 살기를 간구하며
예수님의 이름으로 기도합니다. 아멘.

my prayer

10일

시험의 압박 속에서도 평안을 누리는 청소년

평강의 주께서 친히 때마다 일마다 너희에게 평강을 주시고
주께서 너희 모든 사람과 함께하시기를 원하노라 (데살로니가후서 3:16)

평강의 하나님,
사랑하는 _____가 시험의 압박 속에서도
주님께서 주시는 평강을 누리며
흔들리지 않는 마음으로
시험에 임하기를 원합니다.
두려움이나 불안에 매이지 않게 하시고,
오히려 하나님의 평강으로 그 마음을 가득 채워 주세요.

주님, _____가 결과는 주님께 맡기고
시험 준비와 과정 속에서
하나님의 지혜를 구하며
최선을 다하게 해 주세요.

시험 중에도 주님께 기도하며 평안을 누리고,
결과보다 더 크신 주님의 선하심을 신뢰하는
하나님의 자녀 되게 인도해 주세요.

하나님, 이 시험의 과정이 단순한 평가가 아니라
주님과의 동행 속에서 배우는 시간이 되게 하시고,
이를 통해 믿음이 더욱 성장하게 해 주세요.

_____가 모든 상황에서 주님의 세밀한 손길을 느끼며,
평강의 복 누리기를 간절히 소망합니다.
예수님의 이름으로 기도합니다. 아멘.

my prayer

_____

_____

_____

_____

11일

실패를 통해 배우는 청소년

여호와께서 이틀 후에 우리를 살리시며 셋째 날에 우리를 일으키시리니 우리가 그의 앞에서 살리라 (호세아 6:2)

우리를 회복시키시는 하나님,
사랑하는 _____가 실패를 두려워하지 않고
그 안에서 하나님의 가르침을 배우며 성장하기를 원합니다.
실패를 좌절이 아닌
새로운 시작점으로 바라보게 하시고,
주님의 선하심을 깨닫는 계기가 되게 해 주세요.

주님, _____가 실패의 순간에도 주님을 의지하며
하나님의 위로와 지혜를 구하는
믿음의 태도를 배우기를 원합니다.
어려움 속에서도 끝까지 포기하지 않고,
광야에서 길을 만드시고 사막에 강을 만드시는

하나님을 전적으로 신뢰하며
주님께서 열어 주시는 새로운 길을 발견하게 도와주세요.

하나님, _____가 실패를 통해 인내와 겸손을 배우며
자신의 약함으로 낙망하지 않고,
약할 때 강함 되시는 하나님의 능력을
더 깊이 경험하게 해 주세요.

실패를 넘어 주님 안에서 새로운 힘을 얻고
다시 일어서는 은혜를 누리도록 인도해 주세요.
예수님의 이름으로 기도합니다. 아멘.

my prayer

12일

하나님의 지혜를 구하며 공부하는 청소년

구하라 그리하면 너희에게 주실 것이요 찾으라 그리하면 찾아낼 것이요 문을 두드리라 그리하면 너희에게 열릴 것이니 (마태복음 7:7)

지혜의 근원이 되시는 하나님,
사랑하는 _____가 공부할 때마다
하나님의 지혜를 구하며
올바른 선택과 결정을 하게 해 주세요.
스스로의 능력에 의지하지 않고,
항상 주님의 인도하심을 간구하는
겸손한 마음을 허락해 주세요.

주님, _____가 공부를 통해 얻는 지식이
하나님의 뜻을 이루는 도구로 사용되게 하시고,
주님께 영광 돌리는 삶을 살게 해 주세요.

어려움 속에서도 주님의 말씀을 붙들고,
그 말씀 속에서 참된 위로와 힘을 얻는
자녀가 되기 원합니다.

하나님, _____가 공부하는 과정에서
주님의 지혜와 은혜를 풍성히 체험하며,
그 경험이 믿음의 뿌리가 되기를 간절히 소망합니다.

하나님 나라를 꿈꾸는 지혜로운 자녀로 성장하여
하나님의 나라를 아름답게 세우는
충성된 일꾼 _____가 되기를 소원하며
예수님의 이름으로 기도합니다. 아멘.

my prayer

13일

과도한 경쟁에서 자유함을 얻는 청소년

서로 돌아보아 사랑과 선행을 격려하며
(히브리서 10:24)

자유케 하시는 하나님,
사랑하는 _____가 세상의 과도한 경쟁 속에서도
주님 안에서 자유와 평안을 누리며,
생명력이 넘치는 자녀로 성장하길 원합니다.
다른 사람과 비교하며 자신을 평가하지 않고
하나님께서 주신 재능과 은사에
기쁨으로 만족하며 감사하는 마음을 주세요.

주님, _____가 경쟁보다 협력과 사랑의 가치가
얼마나 놀랍고 멋진 일인지를 깨닫게 하시고
친구들과 서로 격려하며 함께 성장하는
평생 친구의 관계를 맺게 도와주세요.

세상의 기준이 아닌
하나님의 눈으로 자신을 바라보고
하나님의 선하신 계획을 신뢰하며
주님께서 주시는 평안과 만족을
하루 하루 경험하게 해 주세요.

하나님, _____가 앞길을 주님의 뜻에 맡기며
사랑으로 세상을 섬기고 변화시키는 사람으로
자라나기를 간절히 원합니다.
예수님의 이름으로 기도합니다. 아멘.

my prayer

14일

공부를 통해 하나님께 영광 돌리는 청소년

그런즉 너희가 먹든지 마시든지 무엇을 하든지
다 하나님의 영광을 위하여 하라 (고린도전서 10:31)

영광을 받으실 하나님,
사랑하는 _____가 공부하는 모든 순간을
하나님께 영광 돌리는 시간으로 삼으며,
주님의 뜻을 이루어가는 자녀가 되게 해 주세요.
공부를 단순한 의무로 여기지 않고,
하나님께서 맡기신 사명을
준비하는 과정으로 받아들이게 인도해 주세요.

주님, _____가 작은 성취에도 감사하며
지혜를 주시는 주님을 찬양하기 원합니다.
혹여 낙망할지라도 주님의 선하심을
언제나 신뢰하게 해 주세요.

학업에서 얻은 모든 지혜와 재능이
하나님 나라를 세우는 도구로 사용되게 도와주세요.

하나님, _____가 공부하는 시간 동안
하나님의 지혜 주심을 더욱 깊이 경험하며,
주님의 은혜가 _____의 모든 영역에 나타나기를 원합니다.

한걸음 한걸음 나아갈 때마다 빛 되신 주님을 만나며,
주님의 계획 안에서
마침내 풍성한 열매를 맺고 거두게 해 주세요.
예수님의 이름으로 기도합니다. 아멘.

my prayer

_____

_____

_____

_____

사춘기 자녀,
도대체 어떻게 대해야 좋을까요?

청소년기는 감정의 파도가 끊임없이 변하는 시기입니다. 사소한 일에도 눈물을 흘리고 갑자기 화를 내거나, 한없이 우울해 보이다가도 금세 밝아지곤 합니다. 부모 입장에서는 "도대체 왜 저러지?" 싶어 답답할 때도 있지만 이는 신체적, 정서적 성장 과정에서 자연스럽게 나타나는 현상입니다. 이 시기의 감정 변화는 호르몬의 영향과 더불어 자기 정체성을 탐색하는 과정에서 비롯됩니다. 어제까지 좋아하던 것을 갑자기 싫어하거나, 자신을 이전과 다르게 바라보며 혼란스럽기도 합니다. 이때 부모가 "별것도 아닌데 왜 그래?"라며 감정을 가볍게 여기면, 자녀는 더욱 마음을 닫아 버릴 수 있습니다. 감정을 솔직하게 표현하는 것은 건강한 성장의 일부이므로 부모가 이를 존중하고 공감해 줄 때, 자녀는 감정을 더 건강하게 조절하는 법을 배울 수 있습니다. 다윗도 시편에서 기쁨과 슬픔, 두려움과 분노를 솔직하게 하나님께 표현했습니다. 하나님은 우리 감정을 무시하지 않으시며, 언제나 함께하시며 위로해 주십니다(시 34:18). 부모도 이러한 하나님의 마음을 본받아, 자녀가 자신의 감정을 안전하게 표현할 수 있도록 돕는 것이 중요합니다.

1. 공감의 문을 열어 주기

"힘들었구나", "네가 그렇게 느끼는 게 당연할 수도 있겠다"와 같은 말로 아이의 감정을 인정해 주세요.

2. 감정 표현의 통로 마련하기

음악, 운동, 글쓰기 등 감정을 해소할 수 있는 건강한 방법을 함께 찾아보세요. 교회 활동도 좋은 대안이 될 수 있습니다.

3. 감정의 원인을 함께 탐색하기

"무엇이 너를 그렇게 화나게 했을까?" "슬펐던 순간을 떠올려 보면 언제였어?"처럼 감정의 뿌리를 찾을 수 있도록 이끌어 주세요.

4. 부모도 솔직한 감정을 나누기

부모도 감정을 건강하게 표현하면, 자녀도 자연스럽게 자신의 감정을 다루는 법을 배울 수 있습니다.

청소년기의 감정 변화는 자녀가 스스로를 이해하고 세상과 소통하는 중요한 과정입니다. 부모가 이를 따뜻한 시선으로 바라보고 지지해 준다면, 자녀는 자신의 감정을 더 건강하게 받아들이고 성장할 수 있습니다. 때론 이해하기 어려운 감정 기복을 보이더라도, 하나님께서 이 모든 과정을 통해 자녀를 빚어 가고 계심을 기억하며 인내하고 동행해 주세요.

건강한 마음

**자녀가 말은 안 해도
신호를 보낼 때**

15일

긍정적으로 사고하는 청소년

끝으로 형제들아 무엇에든지 참되며 무엇에든지 경건하며 무엇에든지 옳으며 무엇에든지 정결하며 무엇에든지 사랑받을 만하며 무엇에든지 칭찬받을 만하며 무슨 덕이 있든지 무슨 기림이 있든지 이것들을 생각하라 (빌립보서 4:8)

우리의 소망이 되시는 하나님,
사랑하는 _____가
삶의 모든 순간에서 주님의 선하심을 발견하고,
소망을 품는 자녀가 되기를 원합니다.
어려운 상황 속에서도 주님의 약속을 붙잡고
기쁨과 감사로 나아가게 해 주세요.

부정적인 환경이나
생각에 휘둘리지 않고
주님의 말씀에 따라 마음과 생각을
새롭게 하게 도와주세요.

주님께서 주신 평안과 소망으로
_____의 마음을 채우고
그 마음으로 다른 이들에게도
선한 영향력을 끼치는 삶을 살기를 기도드립니다.

하나님, _____가 언제나 감사와 찬양을 고백하며
주님의 은혜와 사랑으로 충만한 삶을 살도록 이끌어 주세요.
긍정적인 사고가 믿음과 소망의 뿌리가 되어,
상황을 바라보는 시선과 사람을 이해하는 마음이
주님의 마음을 더욱 닮아가게 가르쳐 주세요.
예수님의 이름으로 기도합니다. 아멘.

my prayer

_____
_____
_____
_____

16일

상처와 아픔을 하나님께 올려드리는 청소년

내가 고통 중에 여호와께 부르짖었더니
여호와께서 응답하시고 나를 넓은 곳에 세우셨도다 (시편 118:5)

치유의 하나님,
사랑하는 _____가 마음의 상처와 아픔을
주님께 온전히 올려드리고,
그 안에서 하나님의 위로와 평강을 체험하게 해 주세요.
자신의 힘으로 감당하기 어려운 순간에도
주님께 나아가 부르짖으며,
응답하시는 하나님의 손길을 경험하기를 원합니다.

주님, _____의 연약함과 슬픔을 치유하셔서
마음속 깊은 곳까지 회복의 은혜를 주시기를 간구합니다.
삶에서 만나는 어려움의 순간들이
믿음의 성장으로 이어지게 하시고

상처를 통해 다른 사람을 위로하며
격려할 수 있는 사람으로 자라나게 해 주세요.

하나님, _____의 모든 어려움을
다 주님께 내어드리고 온전히 맡기며,
그 안에서 깊은 소망을 발견하기를 원합니다.

인내의 시간을 통해 마침내 위로의 하나님께서
자신을 넓은 곳에 세우심을 고백하며
감사하는 감격을 마주하기를 소원합니다.
예수님의 이름으로 기도합니다. 아멘.

my prayer

17일

마음의 평강을 구하는 청소년

평강의 주께서 친히 때마다 일마다 너희에게 평강을 주시고
주께서 너희 모든 사람과 함께하시기를 원하노라 (데살로니가후서 3:16)

평강의 하나님,
사랑하는 _____가 세상의 혼란과 불안 속에서도
하나님의 변함없는 평강을 구하며,
참된 안식을 누리는 자녀로
견고하게 자라나게 해 주세요.

염려와 두려움이 찾아올 때마다
여호수아와 같이 주님께 간구하는
_____가 되도록 붙잡아 주세요.
기도할 때 부어 주시는 하나님의 사랑과 위로를
경험하는 은혜를 허락해 주세요.

주님, _____의 마음이
주님 주시는 평안으로 가득 채워지게 하시고
세상의 부정적인 소리와 강력한 유혹 속에도
흔들리지 않는 강한 믿음을 허락해 주세요.

어떤 상황에서도 주님의 임재를 느끼며,
평안 속에서 담대히 나아갈 수 있는
믿음의 용사가 되도록 함께해 주세요.

다른 사람들에게 화평을 전하고,
하나님의 사랑을 나누는 도구가 되기를 소원하며
예수님의 이름으로 기도합니다. 아멘.

my prayer

18일

감사하는 태도를 배우는 청소년

범사에 감사하라 이것이 그리스도 예수 안에서
너희를 향하신 하나님의 뜻이니라 (데살로니가전서 5:18)

감사를 선물로 주시는 하나님,
사랑하는 _____가 삶의 크고 작은 일에서
하나님의 은혜를 발견하며, 범사에 감사하는 태도를
배우는 자녀로 자라게 해 주세요.

좋은 일뿐만 아니라 어려움 속에서도
주님께 의식적으로 감사를 표현하여,
마음이 기쁨과 평안으로 가득 차게 해 주세요.

주님, _____가 불평과 원망 대신 감사의 이유를 찾으며
하나님께서 주시는 은혜를 경험하고
믿음으로 고백하며 살도록 도와주세요.

감사의 고백이 삶의 중심이 되고,
그 감사로 _____가 만나는 사람들을 살리는
선한 영향력을 끼치기를 소망합니다.

감사의 태도가 _____의 믿음을 더 깊게 하고,
삶의 모든 순간에 주님의 임재를 느끼는
복된 길로 인도해 주시기를 원합니다.
모든 일에 감사함을 고백하며
하나님의 사랑과 섭리를
더욱 깊이 누리게 해 주세요.
예수님의 이름으로 기도합니다. 아멘.

my prayer

19일

용서의 힘을 경험하는 청소년

서로 친절하게 하며 불쌍히 여기며 서로 용서하기를
하나님이 그리스도 안에서 너희를 용서하심과 같이 하라 (에베소서 4:32)

자비와 용서의 하나님,
사랑하는 _____가 긍휼과 사랑을 베푸는
사람으로 자라나게 해 주세요.
하나님께서 그리스도 안에서 저희를 용서하셨듯이,
_____도 용서의 삶을 실천하며
화해와 회복을 이루는 기쁨을 누리기를 간구합니다.

주님, _____가 다른 사람을 용서할 때
묶였던 마음이 풀리고,
하나님의 평강을 체험하며 자유함을 얻기를 원합니다.
용서를 통해 하나님의 사랑을 더 깊이 경험하며,
예수님을 닮아가도록 인도해 주세요.

하나님, _____가 다른 사람과의
갈등 속에서도 화평을 이루고,
주님의 사랑으로 관계를 회복하는
복된 삶을 살게 해 주세요.

먼저 손을 내밀 수 있는 용기를 주시고,
누군가의 손을 잡아 일으킬 수 있는 결단을 부어 주셔서
마침내 _____의 손을 잡아 주시는
하나님의 손길을 평생 붙잡도록 이끌어 주세요.
예수님의 이름으로 기도합니다. 아멘.

my prayer

_____
_____
_____
_____

20일

정직한 마음을 키우는 청소년

의인의 길은 정직함이여
정직하신 주께서 의인의 첩경을 평탄하게 하시도다 (이사야 26:7)

진리의 하나님,
사랑하는 _____가 모든 말과 행동에서
정직한 마음을 품고 살아가도록 인도해 주세요.
정직함이 _____의 삶을 이끄는 중심이 되게 하시고,
정직함을 통해 하나님의 기쁨과 축복을 누리게 해 주세요.

주님, _____가 거짓의 유혹에 흔들리지 않고,
언제나 진실을 선택하는 용기를 갖기를 기도합니다.
정직함으로 인해 어려움을 겪는 순간에도
하나님의 보호와 위로를 경험하며
끝까지 진리를 따르게 도와주세요.

하나님, _____의 정직함이 다른 사람들에게도
신뢰와 선한 영향을 끼쳐서
_____가 속한 공동체와 구성원들이
하나님의 가치를 따르도록 인도해 주세요.

사랑하는 _____가 정직함을 기뻐하시는 하나님을 만나며
정직을 지킬 때, 정직을 따를 때, 정직을 사랑할 때
상상할 수 없는 열매와 기쁨을 주시는
주님을 경험하도록 언제나 함께해 주세요.
예수님의 이름으로 기도합니다. 아멘.

my prayer

21일

자존감을 회복하는 청소년

너희는 택하신 족속이요 왕 같은 제사장들이요 거룩한 나라요
그의 소유가 된 백성이니 이는 너희를 어두운 데서 불러내어 그의 기이한 빛에
들어가게 하신 이의 아름다운 덕을 선포하게 하려 하심이라 (베드로전서 2:9)

존귀하신 하나님,
사랑하는 _____가 주님 안에서 자존감을 회복하며
하나님의 형상대로 지음받은
존귀한 존재임을 깨닫게 해 주세요.

세상의 평가와 비교 속에서 흔들리지 않는
견고한 마음과 생각을 주시고
하나님께서 내 삶의 이유이심을 고백하기 원합니다.

자신의 약점과 부족함 속에서도
하나님의 능력은 더 크심을 바라보며

"사랑하는 자녀"라고 부르시는 주님의 음성을
삶의 곳곳에서 발견할 수 있기를 기도합니다.

하나님께 택함받은 자녀로서
자존감을 가지고 감사함을 누리며,
_____의 말과 행동으로 존귀함을 나타내게 해 주세요.

자신의 가치와 존귀함을 깨달아
다른 사람에게도 하나님의 사랑을 나누는
축복의 통로가 되게 해 주세요.
예수님의 이름으로 기도합니다. 아멘.

my prayer

마음이 무거운 우리 아이, 부모의 따뜻한 함께함이 필요해요

청소년기는 감정이 요동치는 시기입니다. 그러나 단순한 기분 변화가 아니라 오랜 기간 지속되는 우울감, 무기력, 흥미 상실, 수면과 식습관의 변화 등이 나타난다면 부모는 이를 잘 파악해야 합니다. '사춘기니까 지나가겠지'라고 가볍게 넘기기보다, 자녀의 감정을 깊이 이해하고 도울 방법을 찾는 것이 중요합니다.

우울증을 겪는 아이들은 종종 자신이 사랑받지 못한다고 느끼고, 주변과 단절하려는 모습을 보입니다. 이럴 때 "너만 힘든 게 아니야", "그렇게 생각하지 마"라며 감정을 억누르려 하면, 자녀는 더욱 마음을 닫게 됩니다. 대신 "요즘 많이 힘들지? 어떤 점이 가장 어렵게 느껴져?"라고 부드럽게 묻고, 있는 그대로의 감정을 인정해 주세요. 자녀는 자신을 이해해 주는 부모가 곁에 있다는 사실만으로도 위로를 받을 수 있습니다.

성경은 "여호와는 마음이 상한 자를 가까이하시고 충심으로 통회하는 자를 구원하시는도다"(시 34:18)라고 말씀합니다. 하나님은 우리의 아픔을 외면하지 않으시며, 낙심한 영혼을 위로하십니다. 부모도 이 마음을 본받아 자녀의 아픔을 함께 짊어지고 기도하는 동반자가 되어 주세요.

1. 안전한 대화 환경 만들기

"무슨 일이든 괜찮으니 한 번 이야기해 볼래?"라고 말하며, 자녀가 부담 없이 감정을 나눌 수 있도록 해 주세요.

2. 핵심 감정을 함께 찾아보기

"가장 힘든 순간이 언제였어?", "네가 원하는 건 무엇일까?" 같은 질문을 통해 감정을 깊이 이해하려 노력하세요.

3. 일상에서 작은 활력을 찾도록 돕기

가벼운 산책, 함께하는 식사, 취미 활동 등을 통해 자연스럽게 몸과 마음을 움직이도록 도와주세요. 우울감이 장기화 된다면 상담이나 치료가 필요할 수도 있습니다. 적절히 전문가의 도움을 받도록 합니다.

5. 부모도 감정적으로 지치지 않도록 신앙과 공동체 안에서 도움받기

부모도 신앙과 교회 공동체 안에서 위로받고, 같은 고민을 나누며 지혜를 얻는 것이 중요합니다. 하나님의 사랑을 경험하고, 자신의 존재가 귀하다는 것을 깨닫도록 자녀와 말씀을 나누고 기도로 축복해 주세요.

우울증은 단순히 나약함이 아니라, 도움과 치유가 필요한 상태입니다. 부모가 자녀의 감정을 존중하고 지지해 줄 때, 아이는 자신이 혼자가 아니며 소중한 존재라는 사실을 깨닫게 됩니다. 어려운 시간을 지나더라도, 부모님과 하나님의 사랑 안에서 자녀가 회복과 소망을 찾을 수 있도록 끝까지 함께해 주세요.

관계

좋은 친구를 만나
건강한 관계
맺기를 바랄 때

22일

부모와 마음을 나누는 청소년

내 아들아 네 아비의 훈계를 들으며
네 어미의 법을 떠나지 말라 (잠언 1:8)

가정을 세우시는 하나님,
사랑하는 _____가 부모와 소통하며
신뢰와 사랑을 쌓아가는 자녀로 자라나게 해 주세요.
부모의 가르침을 존중하고 귀 기울이며,
서로의 마음을 이해하는 화목한 가정을 이루게 도와주세요.

주님, _____가 어려움이나 고민이 있을 때
부모에게 솔직하게 이야기하며,
때론 부모의 조언과 지혜를 통해서도
하나님의 뜻을 발견하게 해 주세요.
가족 간의 대화가 끊이지 않으며
서로를 격려하며 성장하는 가정이 되기를 기도합니다.

부모인 저에게도

자녀의 마음을 충분히 이해하고 들을 수 있는

넉넉하고 깊은 품을 허락하셔서

충고보다 축복을, 비교보다 격려를

즉각적인 반응보다는 잠잠히 기다려 주는 인내를 부어 주세요.

하나님께서 선물로 주신 자녀와 함께

힘든 시기와 어려움의 순간들을

함께 이겨나가는 은혜의 추억이

차곡히 쌓이기를 소원합니다.

예수님의 이름으로 기도합니다. 아멘.

my prayer

23일

친구와의 갈등을 해결하는 청소년

서로 용납하여 피차 용서하되 주께서 너희를 용서하신 것 같이
너희도 그리하고 (골로새서 3:13)

관계를 회복시키시는 하나님,
사랑하는 _____가 친구와의 갈등 속에서도
화해와 용서를 통해 관계를 회복하는 법을 배우기 원합니다.
상대방을 이해하고, 하나님의 사랑으로 용납하며
화목한 관계를 이루게 도와주세요.

주님, _____가 갈등을 피하지 않고
성경적인 방법으로 문제를 해결하며,
그 과정을 통해 더 성숙한 관계를 맺게 해 주세요.
모든 과정에서 '예수님이라면 어떻게 하셨을까'를 생각하며
나를 용서하시고 끝까지 사랑하신
주님의 사랑을 묵상하는 자녀가 되기를 기도합니다.

친구들과의 대화 속에서 온유함과 겸손함을 나타내고,
하나님의 사랑으로 화평을 이루게 도와주세요.

친구들과의 관계 속에서 갈등을 혹 경험하더라도
결국 화해의 기쁨을 허락하셔서
그 관계가 더욱 깊어지며
믿음 안에서 성장하도록 인도해 주세요.
다툼과 상처가 회복과 축복으로 바뀌고,
주님의 영광이 그 관계를 통해 드러나기를 소원합니다.
예수님의 이름으로 기도합니다. 아멘.

my prayer

24일

좋은 신앙 멘토를 만나는 청소년

가르침을 받는 자는 말씀을 가르치는 자와
모든 좋은 것을 함께 하라 (갈라디아서 6:6)

선한 관계를 허락하시는 하나님,
사랑하는 _____가 믿음의 여정에서
좋은 신앙 멘토를 만나,
주님의 사랑과 지혜를 배울 수 있도록 인도해 주세요.
멘토를 통해 주님의 뜻을 분별하며,
삶의 도전 속에서도 주님의 인도하심을 경험하게 해 주세요.

주님, _____가 멘토와의 관계를 통해
믿음이 더욱 견고해지고
하나님의 말씀을 삶 속에서 실천하게 해 주세요.
멘토의 조언과 권면을 통해 _____의 사명을 깨닫고
그 부르심에 순종하며 살아가게 도와주세요.

예수님과 제자들처럼, 사도바울과 디모데처럼,
모든 좋은 것을 함께 나누는
믿음의 멘토를 만나 예수님을 더 닮아가는
놀라운 복을 허락해 주세요.

하나님, _____가 성장하여
미래에 누군가의 멘토가 되는
멋진 꿈을 꾸게 하시고,
받은 사랑을 흘려보내는
은혜를 기억할 줄 아는 자녀가 되기를 구하며
예수님의 이름으로 기도합니다. 아멘.

my prayer

_____

_____

_____

_____

25일

교회 공동체 안에서 성장하는 청소년

서로 돌아보아 사랑과 선행을 격려하며
모이기를 폐하는 어떤 사람들의 습관과 같이 하지 말고
오직 권하여 그 날이 가까움을 볼수록 더욱 그리하자 (히브리서 10:24-25)

공동체를 세우시는 하나님,
사랑하는 _____가 교회 공동체 안에서
사랑과 믿음을 배우며 성장하는 자녀로 자라기를 기도합니다.
하나님께서 세우신 교회를 소중히 여기고,
그 안에서 서로를 격려하며 함께 자라나는
은혜를 누리게 해 주세요.

주님, _____가 예배와 교회 모임에
적극적으로 참여하며, 말씀과 찬양을 통해
하나님의 임재를 경험하길 기도합니다.
공동체가 _____의 믿음의 버팀목이 되어

어려운 순간에도 흔들리지 않는
견고한 믿음으로 성장하도록,
서로를 격려하고 보듬는
생명력이 있는 울타리가 되게 해 주세요.

하나님, _____가 공동체 안에서 받은 사랑과 은혜를
다른 사람들에게 마음껏 나누며,
교회가 신앙과 삶의 중심이 되기를 간구합니다.
교회 공동체를 통해 삶이 풍성해지고,
그 안에서 하나님의 영광이
삶의 비전이 되도록 이끌어 주세요.
예수님의 이름으로 기도합니다. 아멘.

my prayer

26일

학교에서 믿음을 지키는 청소년

그는 시냇가에 심은 나무가 철을 따라 열매를 맺으며
그 잎사귀가 마르지 아니함 같으니 그가 하는 모든 일이 다 형통하리로다
(시편 1:3)

우리의 믿음을 지키시는 하나님,

사랑하는 _____가 학교 생활 속에서도

하나님의 말씀을 기준 삼아

믿음을 굳게 지키는 자녀로 자라나게 해 주세요.

정직과 진리를 따르며 어떤 유혹 속에서도

하나님께서 원하시는 바른길을 따르게 도와주세요.

주님, _____가 친구들과의 관계 속에서도

믿음을 고백하며

어떠한 상황 속에서도 하나님의 선하심을 끝까지 신뢰하고

선한 영향력을 끼치는 축복의 통로가 되기를 원합니다.

쉽게 휩쓸리거나 판단하지 않게 하시고
시험과 어려움이 닥쳐와도
주님을 의지하며 담대하게 나아가게 인도해 주세요.

학업과 일상 속에서
하나님을 경외하는 마음을 잃지 않고
그 안에서도 주님 주시는 복을 경험하게 해 주세요.
_____가 시냇가에 심은 나무처럼
믿음의 뿌리를 깊이 내리고
형통한 삶을 살아가는 자녀가 되기를 구하며,
예수님의 이름으로 기도합니다. 아멘.

my prayer

27일

모든 사람과 화목하게 지내는 청소년

할 수 있거든 너희로서는
모든 사람과 더불어 화목하라 (로마서 12:18)

화평을 이루시는 하나님,
사랑하는 _____가 모든 사람과 화목하게 지내며
하나님의 평화를 전하는 자녀로 자라나게 해 주세요.
어떤 갈등 속에서도 화해와 사랑을 선택하며,
주님께서 주시는 화평의 축복을 누리도록 인도해 주세요.

주님, _____가 다른 사람의 마음을
이해하고 배려하는 넓은 마음을 갖게 하시며,
자신의 감정을 잘 다스리는 지혜를 허락해 주세요.
화목을 이루기 위해 더 위대한 가치를 선택하는
거룩한 용기와 담대함을 주시고
삶 속에서 주님의 사랑과 평강이 드러나게 해 주세요.

하나님, _____가 화평케 하는 자로서
하나님의 자녀라 일컬음을 받는 축복을 누리게 하시고,
주님께서 허락하신 평화가 _____의 삶에
열매로 맺히기 원합니다.

_____가 가는 곳마다
화목을 이루는 도구가 되어
평안을 전하게 인도해 주세요.
예수님의 이름으로 기도합니다. 아멘.

my prayer
_____
_____
_____
_____

28일

타인을 배려하며 섬기는 청소년

각각 자기 일을 돌볼뿐더러 또한 각각 다른 사람들의 일을 돌보아
나의 기쁨을 충만하게 하라 (빌립보서 2:4)

섬김의 본을 보여 주신 예수님,
사랑하는 _____가 다른 사람들을 배려하며
주님의 사랑으로 섬기는 삶을 살게 해 주세요.
자기 유익보다 이웃의 필요를 돌아보며,
작은 일에도 주님의 이름으로 사랑을 실천하길 기도드립니다.

주님, _____가 섬김이 곧 예배임을 깨닫고
주님께서 주시는 기쁨으로
섬기는 삶을 살아가길 소원합니다.
타인의 아픔과 필요를 이해하며,
그 사랑이 구체적인 행동으로 나타나게 도와주세요.

상대방에 대한 쉬운 판단이나
외적인 모습으로 평가하는 마음이 아니라
내면을 바라보고 그것을 이해할 수 있는
넓은 마음과 깊은 마음을 허락해 주세요.

_____가 섬김을 통해 주님의 겸손과 사랑을 배우며,
자신이 얼마나 사랑받는 존재인지
하나님을 기쁘시게 하는 존재인지
믿음의 고백을 날마다 드리게 해 주세요.
예수님의 이름으로 기도합니다. 아멘.

my prayer

사춘기 자녀, 어떻게 대해야 할까? ④ / 사춘기의 우정

친구가 더 중요해지는 시기, 부모의 역할은 무엇일까요?

청소년기에 접어들면 친구들과 보내는 시간이 부모와 함께하는 시간보다 훨씬 많아집니다. 친구들과의 관계는 청소년에게 매우 중요한 삶의 일부가 되며, 때로는 부모의 영향력보다 더 큰 영향을 미치기도 합니다. 옷차림, 말투, 관심사까지 또래 집단을 통해 형성되면서, 자녀는 점점 더 독립적인 존재로 성장해 갑니다.

또래 친구들의 영향력이 긍정적으로 작용하면 자녀는 학교생활과 신앙생활에서 더 큰 동기를 얻고 건강한 사회성을 발달시킬 수 있습니다. 그러나 반대로 부정적인 환경에 노출될 경우, 반항적인 태도나 바람직하지 않은 습관을 배우게 될 위험도 있습니다. 그렇다고 해서 부모가 친구 관계를 무조건 통제하려 하면, 오히려 자녀의 반발심을 불러일으킬 수 있습니다. 그러므로 부모는 자녀가 건강한 관계를 형성하도록 돕는 균형 잡힌 지혜가 필요합니다.

성경은 "네 이웃 사랑하기를 네 자신같이 하라"(레 19:18)라고 말씀합니다. 이것은 청소년기의 친구 관계에서도 중요한 원칙이 됩니다. 하지만 우정 속에서도 지혜롭게 분별할 줄 아는 능력이 필요합니다. 부모가 자녀의 친구들을 부정적으로 보기보다는 열린 태도로 대한다면, 자녀는 더욱 안정적인 관계를 맺어 갈 수 있습니다.

1. 자녀의 친구 관계에 관심을 갖되, 과도한 통제는 지양하기

"요즘 어떤 친구와 자주 어울리니?" "그 친구는 어떤 점이 좋아?" 등 자연스러운 질문을 던져 보세요. 친구를 무조건 제한하기보다는 아이의 생각을 들어주는 것이 중요합니다.

2. 부모가 좋은 관계의 모델이 되기

자녀는 부모가 가족, 친척, 교회 공동체에서 맺는 관계를 통해 인간관계를 배웁니다. 부모가 성숙한 태도로 사람들과 교제하는 모습을 보일 때, 자녀도 건강한 우정을 배워 갑니다.

3. 자녀의 친구들을 집으로 초대해 보기

자녀의 친구들을 초대해 자연스럽게 교류해 보세요. 이를 통해 자녀가 친구들과 어떤 관계를 맺는지 파악할 수 있습니다.

4. 자녀가 또래 집단에서의 태도를 점검할 기회 주기

"네가 친구들과 있을 때 가장 즐거운 점과 힘든 점은 뭐야?"와 같은 질문으로 자녀가 스스로 관계를 돌아볼 수 있도록 도와주세요.

친구 관계는 자녀에게 매우 중요한 성장의 공간입니다. 부모가 적극적으로 이해하고 격려하며, 필요할 때 지혜롭게 조언한다면 자녀는 올바른 관계를 맺으며 건강하게 성장할 수 있습니다. 자녀가 좋은 친구들과 함께 신앙 안에서 자라날 수 있도록 부모님도 함께해 주시길 바랍니다.

진로

**모르겠다고 말하는 자녀를 보며
조급해질 때**

29일

하나님의 계획을 발견하는 청소년

여호와의 말씀이니라 너희를 향한 나의 생각을 내가 아나니 평안이요 재앙이 아니니라 너희에게 미래와 희망을 주는 것이니라 (예레미야 29:11)

모든 만물을 섭리하시고 다스리시는 하나님,
사랑하는 _____가 자신의 삶을 향한
하나님의 선하고 완전한 계획을 발견하며,
주님의 뜻 안에서 소망과 평안을 누리게 해 주세요.
스스로의 생각과 판단에 의지하지 않고,
하나님의 인도하심을 따라가는 자녀로 자라게 해 주세요.

주님, _____가 삶의 중요한 순간마다
하나님의 얼굴을 구하며,
그 계획을 신뢰하는 믿음을 지니길 원합니다.
미래의 불확실함 속에서도 하나님께서 예비하신 길이
가장 선하다는 확신으로 담대히 걸어가게 도와주세요.

하나님께서 이끄시는 길을 따라갈 때,
주변에서 들리는 이야기는
점점 작아지고 하나님의 음성은 점점 커지는
요셉과 같은 삶을 살기 원합니다.

요셉이 하나님의 계획을 믿음으로 확신할 때
형통케 하시는 복이 임한 것처럼
하나님의 역사가 자녀의 삶 곳곳에서
선물처럼 발견되고 드러나도록 함께해 주세요.
예수님의 이름으로 기도합니다. 아멘.

my prayer

30일

자신의 재능을 하나님께 드리는 청소년

무슨 일을 하든지 마음을 다하여
주께 하듯 하고 사람에게 하듯 하지 말라 (골로새서 3:23)

모든 것을 주시는 하나님,
사랑하는 _____가 주님께서 주신 재능을 발견하고
그 재능을 하나님의 영광을 위해 사용하는 자녀로
가장 알맞은 때를 따라 성장하도록 이끌어 주세요.
자신의 재능을 소중히 여기고,
그것이 하나님께서 주신 특별한 선물임을 깨닫기 원합니다.

모든 일을 주님께 하듯 진심을 다해 행하며,
그 안에서 주님의 기쁨과 은혜를 경험하게 해 주세요.
작든 크든 하나님께서 주신 재능을 최선을 다해 사용하며,
그로 인해 인생에서 작고 큰일이 모두 소중한 것임을
깨닫는 은혜를 부어 주세요.

달란트를 맡은 청지기처럼
하나님께서 주신 은사들을 잘 가꾸고 준비하여
주님께서 더 많은 것을 맡기시는
놀라운 은혜를 누리는 자녀로 성장하게 해 주세요.

주님, _____가 재능을 통해 이웃을 섬기며
세상을 변화시키는 복된 영향력을 끼치게 해 주세요.
겸손한 마음으로 자신의 재능을 계발하며,
그 재능을 통해 주님의 나라를 세우는
멋진 주님의 제자가 되도록 가르치시고 인도해 주세요.
예수님의 이름으로 기도합니다. 아멘.

my prayer

31일

세상 속에서 빛과 소금이 되는 청소년

너희는 세상의 소금이니 소금이 만일 그 맛을 잃으면 무엇으로 짜게 하리요 후에는 아무 쓸 데 없어 다만 밖에 버려져 사람에게 밟힐 뿐이니라 너희는 세상의 빛이라 산 위에 있는 동네가 숨겨지지 못할 것이요 (마태복음 5:13-14)

빛이신 예수님,
사랑하는 _____가 주님께서 맡기신 사명을 깨닫고
세상 속에서 빛과 소금의 역할을
충성스럽게 감당하는 자녀로 자라기를 소원합니다.
삶의 모든 영역에서 하나님의 진리를 나타내며,
그리스도의 사랑을 전하는 도구로 사용해 주세요.

주님, _____가 어두운 세상에서 빛을 발하며
진리를 비추는 삶을 살기를 기도합니다.
복음이 필요한 곳에 예수님을 전하며,
도움이 필요한 곳에 도움의 손길을 내밀게 해 주세요.

소금처럼 세상을 정화하고 보존하며,
그리스도인임을 자랑스러워하는
믿음의 사람이 되게 하여 주세요.

세상의 유혹에 흔들리지 않고,
오직 하나님의 말씀에 뿌리를 내리며
그 말씀을 끝까지 따라가게 붙잡아 주세요.
착한 행실로 하늘에 계신 하나님께서
영광받으실 삶을 살도록 인도해 주세요.
예수님의 이름으로 기도합니다. 아멘.

my prayer

32일

진로에 대한 계획을 구체화하는 청소년

사람이 마음으로 자기의 길을 계획할지라도
그의 걸음을 인도하시는 이는 여호와시니라 (잠언 16:9)

길을 만드시는 하나님,
사랑하는 _____가 주님의 뜻 안에서
자신의 진로를 구체화하며
차근차근 준비해 나가는 자녀로 자라게 해 주세요.
주님만 의지함으로 자신의 재능과 열정을 발견하며
지치지 않고 꾸준히 나아갈 수 있도록 인도해 주세요.

주님, _____가 진로를 단순히 생계를 위하거나
남들의 시선에 의해서 결정하는 것이 아니라
_____를 향한 하나님의 뜻을 발견하고
준비하도록 이끌어 주세요.

_____가 바라는 꿈과 하나님께서 주신 소명을
조화롭게 이해하고 깨닫기 원합니다.
미래를 준비하는 모든 계획과 선택 속에서
주님의 인도하심을 구하며,
주님을 가장 의지하게 해 주세요.

진로를 준비하는 모든 과정에서
필요한 지혜와 능력을 주님께 공급받기 원합니다.
그 길을 걸어가는 길목마다 섬세히 이끄실
주님께 감사하며 믿음으로 전진하길 원합니다.
예수님의 이름으로 기도합니다. 아멘.

my prayer

_____

_____

_____

_____

33일

목표를 향해 열정을 유지하는 청소년

부지런하여 게으르지 말고
열심을 품고 주를 섬기라 (로마서 12:11)

열정을 주시는 하나님,
사랑하는 _____가 삶의 모든 순간에
지속적인 열정을 가지고 주님을 섬기며
살아가는 자녀로 자라게 해 주세요.
어떠한 어려움 속에서도 포기하지 않고
끝까지 주님의 뜻을 이루기 위해 달려가는
믿음을 허락해 주세요.

주님, _____가 주님께서 주신 목표와 비전을 향해
꾸준함과 변함없는 마음을 가질 수 있도록
평안함과 든든함을 허락하여 주세요.

주님께서 주신 비전을 향해 열정을 가지고 나아가며
성장과 진보를 경험하도록 인도해 주세요.
게으름과 나태함에 빠지지 않도록 지켜 주시고,
열정이 긍정적인 동력이 되어 최선을 다하는 열심을 주세요.

하나님, _____가 그 열정이 자신만을 위한 것이 아니라
이웃을 향한 사랑과 섬김으로 확장될 수 있기를 기도합니다.
주님을 사랑하는 마음이
_____의 삶에 중심이 되게 하시고
그 사랑 안에서 끝까지 충성하도록 인도해 주세요.
예수님의 이름으로 기도합니다. 아멘.

my prayer

34일

현실의 어려움 속에서도
꿈을 놓지 않는 청소년

너는 마음을 다하여 여호와를 신뢰하고 네 명철을 의지하지 말라
너는 범사에 그를 인정하라 그리하면 네 길을 지도하시리라 (잠언 3:5-6)

인도하시는 하나님,
사랑하는 _____가 현실에서 마주하는 어려움 속에서도
하나님께서 주신 꿈을 잃지 않고,
그 꿈을 이루기 위해 믿음으로 나아가기를 기도합니다.
주님께서 함께하신다는 확신으로 두려움을 물리치고,
소망으로 담대히 걸어가게 도와주세요.

주님, _____가 자신의 능력을 의지하려는
생각과 마음을 하나님 앞에 맡겨드리며,
성령님의 능력과 지혜를 의지하며
모든 상황을 넉넉히 극복하게 이끌어 주세요.

사랑하는 _____가 혹여나 어려운 현실을 만날 때,
주님의 능력의 손길을 신뢰하며
주님께서 열어 주시는 새로운 길을 발견하기 원합니다.

고난 속에서도 하나님을 의지하며
꿈을 이루기 위해 필요한 모든 것을 주님께 구합니다.
그 과정에서 주님의 인도하심과 위로를
풍성히 경험하며
주님의 영광을 드러내게 해 주세요.
예수님의 이름으로 기도합니다. 아멘.

my prayer

35일

실패를 통해 단단해지는 청소년

여호와는 나의 목자시니 내게 부족함이 없으리로다
그가 나를 푸른 풀밭에 누이시며 쉴 만한 물 가로 인도하시는도다 (시편 23:1-2)

위로와 소망을 주시는 하나님,
사랑하는 _____가 실패를 두려워하지 않고,
하나님의 은혜와 교훈을 배우며
더 단단한 믿음의 사람이 되기를 기도합니다.
실패가 좌절로 끝나지 않고, 새로운 시작점이 되도록
주님께서 이끌어 주시기를 원합니다.

실패의 순간에서도 주님의 사랑과 위로를 경험하며,
그 실패가 삶의 성장과 지혜로 이어지게 해 주세요.
자신의 약함 속에서도 하나님의 강하심을 깨닫고
실패를 통해 주님과 더욱 깊은 관계를 맺게 도와주세요.

행여 실패를 경험하더라도
그 과정에서 인내와 겸손을 배우기를 기도합니다.
실패가 결코 끝이 아님을 알게 하시고
낙망하거나 넘어지지 않도록 도와주세요.

새 힘을 주셔서 다시 일어설 수 있는
회복탄력성과 강한 능력을 주시고
다윗처럼 여호와는 나의 목자시니 내게 부족함이 없다는
믿음의 고백을 매 순간 드리도록 인도해 주세요.
예수님의 이름으로 기도합니다. 아멘.

my prayer

사춘기 자녀, 어떻게 대해야 할까? ❺ / 사춘기의 대화

사춘기와의 대화,
논쟁이 아닌 공감으로 이어가요

청소년이 되면 자녀는 이전과 다른 방식으로 사고하고 세상을 바라보기 시작합니다. 어린 시절에는 눈에 보이는 것만 생각하는 '구체적 사고'가 주를 이루었다면, 청소년기는 '추상적 사고'가 발달하여 보이지 않는 것까지 상상하며 논리를 전개합니다. 이 과정에서 때로는 부모와 논리 대결을 하듯 대화를 시도하기도 합니다.

이러한 모습이 부모에게는 때때로 "왜 이렇게 말대꾸를 하지?" 혹은 "자꾸 반항하려고 하는구나"라는 생각이 들게 만들 수도 있습니다. 하지만 이때 자녀는 스스로 생각할 수 있는 능력이 자라고 있음을 시험해 보는 것입니다. 이 과정을 통해 자기 생각을 정리하고 사고력을 키우고 있는 것이지요.

문제는 부모와 자녀의 대화가 논쟁으로 끝나 버릴 때입니다. 자녀는 "부모님은 내 말을 들어주지 않는다"고 느끼고, 부모는 "아이는 말대답만 한다"고 생각하며 대화의 골이 깊어질 수 있습니다. 그러므로 이 시기의 대화에서 중요한 것은 '아이의 사고 과정을 존중하는 태도'입니다. 자녀가 현실성 없어 보이는 주장을 하더라도 즉각적으로 반박하기보다는 함께 탐색하고 질문하는 태도를 보일 때, 자녀는 더 열린 마음으로 소통할 수 있습니다.

성경은 "미련한 자는 명철을 기뻐하지 아니하고 자기의 의사를 드러내기만 기뻐하느니라"(잠 18:2)라고 말씀합니다. 부모와 자녀가 서로의 의견을 존중하며 듣고, 함께 배우고 성장하는 과정으로 대화를 이어갈 때 더욱 건강한 관계를 만들어 갈 수 있습니다.

1. 문제 제기보다는 질문으로 시작하기

"왜 그렇게 생각하게 됐어?", "이렇게 한다면 어떻게 될까?"와 같이 아이의 생각을 더 깊이 끌어내는 질문을 던져 보세요.

2. 다른 관점을 보여 주되, 존중하는 말투 사용하기

"나는 이렇게 생각하는데, 네 의견도 더 들어보고 싶어"라는 표현을 사용하면 논쟁이 아닌 대화가 됩니다.

3. 책, 뉴스, 성경 등 다양한 근거를 함께 찾아보기

아이가 주장하는 내용을 뒷받침할 만한 자료를 함께 살펴보며, 자연스럽게 사고력을 확장할 기회를 주세요.

4. 결론에 집착하지 않기

부모가 자녀 의견의 옳고 그름을 당장 결정하는 것이 아니라, 함께 조율하고 발전시키는 과정이 더 중요합니다.

청소년기의 사고 발달은 하나님께서 주신 놀라운 성장의 과정입니다. 자녀의 생각이 자랄 수 있도록 인내하며 경청하고, 부모도 함께 배워 나간다면 대화는 논쟁이 아니라 소중한 소통의 시간이 되고 자녀를 더욱 밝고 건강하게 만들 것입니다.

생활 속 작은 순간도 함께해
주시기를 구할 때

36일

정결한 마음을 지키는 청소년

**청년이 무엇으로 그의 행실을 깨끗하게 하리이까
주의 말씀만 지킬 따름이니이다** (시편 119:9)

거룩하신 하나님,
사랑하는 _____가 혼란스럽고 어지러운 세상에서도
정결한 마음과 거룩한 삶을 유지하며
하나님의 자녀로 살아가게 붙잡아 주세요.
마음과 행동에서 하나님의 말씀을 기준으로 삼아,
진실하고 바른길을 선택하게 도와주세요.

거짓과 속임의 유혹을 받는 순간마다
주님의 말씀을 떠올리고,
그 말씀이 삶을 이끄는 빛이 되기를 기도합니다.
미디어와 SNS가 삶을 흔들지 못하게 하시고
하나님의 메시지가 더 분명하고 선명하게 들리게 해 주세요.

중독과 같은 무서운 시험들은
근처에도 머물지 않게 하시며
잠시라도 시선과 마음을 뺏기지 않도록
주님의 거룩한 방패로, 의의 호심경으로
구원의 투구로 보호하여 주세요.

주님을 사랑하는 마음으로
세상의 거짓된 목소리를 물리치고,
하나님의 영광을 드러내는 삶을 살아가게 하여 주세요.
주님의 기쁨이 되는 _____로 자라기를
간절히 원하고 바라며
예수님의 이름으로 기도합니다. 아멘.

my prayer

37일

세상의 유혹을 멀리하는 청소년

너희 몸을 하나님이 기뻐하시는 거룩한 산 제물로 드리라
이는 너희가 드릴 영적 예배니라 (로마서 12:1)

거룩하신 하나님,

사랑하는 _____가

주님의 말씀을 따라 마음을 지키며

깨끗하고 바른 길을 선택하는 자녀가 되게 해 주세요.

주님의 말씀과 성령님의 도우심으로

세상의 속임과 거짓된 가치에서 벗어나게 인도해 주세요.

쉬운 길과 넓은 길만을 찾는 시대에

하나님의 방법이 오히려 가장 옳고 바른 길임을

깨닫는 지혜와 은혜를 부어 주시고

그 길을 따르도록 언제나 가르쳐 주세요.

주님, _____가 유혹의 순간마다 하나님을 의지하며
그 믿음으로 세상의 유혹을 물리치고
담대히 나아가게 해 주세요.
유혹을 피하는 것이 결코 두려움이나
비겁한 일이 아님을 고백하며,
오히려 하나님을 사랑하는 표현임을 깨닫게 해 주세요.

_____가 주님의 선하심을 따라가며
삶을 통해 하나님의 뜻을 이루어가기를 기도드립니다.
세상의 유혹을 넘어서 찾아오는 참된 평안과
만족과 기쁨을 넘치게 허락해 주세요.
예수님의 이름으로 기도합니다. 아멘.

my prayer

38일

미디어와 스마트폰을 절제하는 청소년

**내 눈을 돌이켜 허탄한 것을 보지 말게 하시고
주의 길에서 나를 살아나게 하옵소서** (시편 119:37)

절제의 열매를 주시는 하나님,
사랑하는 _____가 미디어와 스마트폰을 사용할 때
주님의 뜻에 따라 절제하며,
그것이 삶의 중심이 되지 않게 지켜 주시기를 구합니다.
마음과 시선을 허탄한 곳에 두지 않고
주님의 길을 따라가는 지혜로운 자녀로 자라기를 기도합니다.

주님, _____가 시간을 지혜롭게 사용하며
미디어와 스마트폰의 유혹에 흔들리지 않게 하시고,
분별력과 절제력을 더하여 주세요.
미디어의 메시지가 아닌 하나님의 메시지가
더 큰 울림과 영향력을 미치게 하시고

중요한 순간에 하나님의 말씀이
_____의 생각과 마음을
이끌어 주셔서 선한 길로 인도하여 주세요.

부모인 제가 먼저 미디어 사용을 절제하고
하나님의 말씀에 더 귀 기울이겠습니다.
스마트폰을 들여다보는 대신
자녀와의 대화를 더 많이 시도할 때
관계 회복의 문이 열리는 은혜를 주세요.

주님과의 친밀함이 날마다 더 깊어지도록
함께해 주시기를 구하며
예수님의 이름으로 기도합니다. 아멘.

my prayer

_____

_____

_____

_____

39일

또래의 분위기에 흔들리지 않는 청소년

사람을 두려워하면 올무에 걸리게 되거니와
여호와를 의지하는 자는 안전하리라 (잠언 29:25)

안전한 피난처가 되시는 하나님,
사랑하는 _____가 또래 친구들의 압박 속에서도
하나님의 말씀을 붙잡고 담대히 믿음의 길을 걷는
자녀가 되게 하여 주세요.

다니엘처럼 사람을 두려워하지 않고
'뜻을 정하여' 하나님의 기준을 올바로 세워
오직 주님을 의지하며 바른 선택을 할 수 있는
지혜와 용기를 더하여 주세요.

친구들과의 관계 속에서도
자신이 믿는 바를 확고히 하고

하나님의 가치를 따르는 삶을 살도록 가르쳐 주세요.
주위 분위기와 시선에 이끌려 가지 않으며,
오히려 친구들에게 선한 영향력을 미치는
축복의 통로가 되게 도와주세요.

언제나 주님의 음성에 귀를 기울이며,
때론 어렵고 좁은 길을 선택하더라도
주님과 함께하는 담대함을 누리게 하여 주세요.
다니엘처럼 주님의 뜻을 이루어
별과 같이 빛나도록 붙잡아 주세요.
예수님의 이름으로 기도합니다. 아멘.

my prayer

40일

하나님의 말씀으로 세상을 이기는 청소년

이에 예수께서 말씀하시되 사탄아 물러가라 기록되었으되
주 너의 하나님께 경배하고 다만 그를 섬기라 하였느니라 (마태복음 4:10)

말씀으로 역사하시는 하나님,
사랑하는 _____가 세상의 유혹을 만날 때마다
하나님의 도우심을 구하는
믿음의 자녀가 되기를 소망합니다.

삶에서 은밀하게 찾아오는 유혹들 앞에
무릎을 꿇지 않는 분별력을 주시고
예수님처럼 승리하는 능력의 비결이
오직 하나님의 말씀임을 깨닫게 도와주세요.

말씀을 많이 읽고 암송하는 은혜를 주셔서
죄를 짓고 싶은 순간마다

하나님의 말씀으로 능히 물리치는
영적 승리를 경험하도록 인도해 주세요.
은밀한 죄의 유혹이 찾아올 때,
그것이 순간적인 만족과 사탄의 속임수라는 것을
믿음의 눈으로 보게 하시고,
말씀하시는 하나님만을 의존하기 원합니다.

예수님의 승리가 삶의 곳곳에서 나타나며
주님만이 참된 주인이심을 고백하게 붙들어 주세요.
예수님의 이름으로 기도합니다. 아멘.

my prayer

41일

바른 선택을 하는 지혜로운 청소년

누가 주의 이 많은 백성을 재판할 수 있사오리이까 듣는 마음을 종에게 주사
주의 백성을 재판하여 선악을 분별하게 하옵소서
솔로몬이 이것을 구하매 그 말씀이 주의 마음에 든지라 (열왕기상 3:9-10)

지혜의 하나님,

사랑하는 _____가 삶의 모든 순간마다

하나님의 말씀과 성령의 인도하심을 따라

바른 선택을 하는 지혜로운 자녀가 되기를 기도합니다.

어려운 상황 속에서도 두려움 없이

주님께서 주시는 담대함으로 나아가게 해 주세요.

선택의 기로에서 주님의 뜻을 구하며

세상의 소리에 흔들리지 않고

오직 주님의 음성에 귀를 기울이게 하시고,

바른 선택이 축복으로 이어져

그 선택을 통해 주님의 선하심을 경험하도록 이끌어 주세요.

하나님, _____가 자신이 내린 선택이
다른 사람들에게도 선한 영향을 끼칠 수 있음을
이해하는 넓은 시야와 판단력을 주세요.

솔로몬이 구했던 것처럼
하나님께 듣는 마음을 구하게 하셔서
선택마다 하나님을 기쁘시게 하여
지혜뿐만 아니라
넘치는 복과 은혜를 누리길 소원합니다.
예수님의 이름으로 기도합니다. 아멘.

my prayer

42일

영적 전투에서 승리하는 청소년

끝으로 너희가 주 안에서와 그 힘의 능력으로 강건하여지고
마귀의 간계를 능히 대적하기 위하여 하나님의 전신 갑주를 입으라
(에베소서 6:10-11)

승리의 하나님,

사랑하는 _____가 영적 전투의 중요성을 깨닫고,

하나님의 능력과 말씀으로 무장하여

그 싸움에서 승리하는 자녀로 자라게 해 주세요.

마귀의 유혹과 속임수에 흔들리지 않도록

주님의 전신 갑주로 보호하여 주시기를 원합니다.

진리의 허리띠로 단단하게 묶어 주시고

의의 호심경으로 마음을 지켜 주시며,

평안의 복음으로 신을 신게 하시고

믿음의 방패로 모든 공격을 막아 내게 해 주세요.

구원의 투구로 견고한 생각과 믿음을 주시고
하나님의 말씀인 성령의 검으로
능히 악한 세력을 물리칠 수 있는 은혜를 주세요.

오늘 이 하루에 기도로 깨어 있어
영적인 민감함을 유지하며,
성령의 능력으로 강건한 믿음의 사람이 되기를 소망합니다.
영적 전투를 통해 주님께 더 가까이 나아가고
그 과정에서 믿음이 더욱 성장하게 해 주세요.

모든 싸움 속에서 주님께서 함께하심을 확신하며
결코 혼자가 아님을 깨닫도록 인도해 주세요.
예수님의 이름으로 기도합니다. 아멘.

my prayer

사춘기 자녀, 어떻게 대해야 할까? ❻ / 사춘기의 성

건강한 성 가치관을
함께 만들어 가요

 스마트폰과 인터넷이 일상이 된 시대, 청소년들은 순식간에 수많은 정보를 접합니다. 그중에는 성(性)과 관련된 왜곡된 정보도 많아, 자녀가 건강한 성 가치관을 지키기가 쉽지 않습니다. 선정적 콘텐츠, 왜곡된 성 관념, 친구들 사이에서 오가는 비뚤어진 대화들은 청소년을 혼란스럽게 만들 수 있습니다.

 청소년기에 성적 호기심이 높아지는 것은 자연스러운 일입니다. 그러나 부모가 이 문제를 외면하거나 강압적으로 통제만 하려 하면, 자녀는 친구나 인터넷을 통해 비밀스럽게 정보를 찾으려 할 것입니다. 부모가 열린 태도로 이야기하고 성경이 말하는 가치관을 자연스럽게 가르칠 때, 자녀는 성을 존귀하게 여기는 법을 배울 수 있습니다.

 성경은 "너희 몸은 너희가 하나님께로부터 받은 바 너희 가운데 계신 성령의 전인 줄 알지 못하느냐"(고전 6:19)라고 말씀합니다. 하나님은 우리 몸을 귀하게 창조하셨으며, 성 또한 아름다운 선물로 주셨습니다. 부모가 성을 부정적으로만 이야기하기보다, 하나님이 주신 건강한 영역임을 가르쳐 주는 것이 중요합니다.

1. 검열보다 열린 대화를 우선하기

"네가 인터넷에서 접하는 정보가 어떤 편인지 궁금해. 필요하면 언제든 이야기하자"라는 태도로 신뢰를 쌓으세요.

2. 삶으로 성경적 가치관 보여 주기

부모가 성을 존귀하게 여기며, 건강한 관계를 맺는 모습을 보일 때 자녀도 자연스럽게 배웁니다.

3. 미디어 사용 규칙을 함께 정하기

"취침 전 1시간은 스마트폰을 끄자", "SNS에서 모르는 사람의 메시지는 주의하자" 등 현실적이고 납득할 만한 기준을 함께 세워 보세요.

4. 성에 대한 솔직한 대화 시도하기

자녀가 성적 질문을 했을 때 당황하거나 피하기보다, 자연스럽고 솔직하게 이야기하는 것이 신뢰를 형성하는 길입니다.

청소년기에 형성된 성 가치관은 평생의 삶을 좌우할 중요한 기반이 됩니다. 부모가 강압적으로 막기보다, 신앙 안에서 바른 가치를 심어 줄 때, 자녀는 세상의 유혹 앞에서도 흔들리지 않고 건강한 정체성을 지켜 나갈 것입니다. 세상이 아무리 혼탁해도, 하나님의 진리는 변함없음을 기억하며 자녀와 함께 성장해 나가길 바랍니다.

교회생활

교회 가기 싫다는 아이를 보며
염려가 찾아올 때

43일

성령님의 인도하심을 구하는 청소년

그러나 진리의 성령이 오시면 그가 너희를 모든 진리 가운데로 인도하시리니
그가 스스로 말하지 않고 오직 들은 것을 말하며
장래 일을 너희에게 알리시리라 (요한복음 16:13)

진리로 인도하시는 하나님,

사랑하는 _____가 성령님의 함께하심을 구하며,

날마다 성령님과 동행하는 기쁨을 누리기를 기도합니다.

성령님께서 가장 알맞은 때 가르쳐 주셔서

죄악을 깨닫게 하시고 회개하는 입술을 주시며

말을 할 때와 판단할 때

가장 선한 길로 인도하여 주세요.

성령 하나님, 사랑하는 _____가 주님의 때에

인격적인 성령님, 따스한 성령님,

안아 주시는 성령님, 치유하시는 성령님,

보혜사 성령님을 만나게 하시고
성령님을 깊이 사모하도록 인도하여 주세요.

성령의 충만함을 주셔서
욕심과 죄의 그림자는 다 떠나가고
하나님의 마음과 생각으로
그 자리를 가득 채워 주시길 간구합니다.

사랑, 희락, 화평, 오래참음, 자비, 양선, 충성, 온유, 절제를
_____의 삶 속에서 풍성히 맺도록 함께해 주세요.
예수님의 이름으로 기도합니다. 아멘.

my prayer

44일

기도의 삶을 실천하는 청소년

아무 것도 염려하지 말고 다만 모든 일에 기도와 간구로,
너희 구할 것을 감사함으로 하나님께 아뢰라 (빌립보서 4:6)

기도를 들으시는 하나님,
사랑하는 _____가 기도를 삶의 중심에 두며,
항상 주님과 대화하는 자녀로 자라기를 소원합니다.
기도를 통해 하나님의 마음을 배우고,
주님의 뜻을 구하는 삶을 살아가게 도와주세요.

기도할 때 현실의 두려움과 염려는 사라지고,
하늘의 소망을 품는 영적 질서를
어린 시절부터 발견하게 하셔서
기도 응답의 기쁨을 알아가는 사람으로
성장하게 인도해 주세요.

주님, _____가 기도의 능력을 경험하며,
그 시간이 하나님의 임재를 경험하는
복된 통로가 되도록 함께해 주세요.
작은 일에도 주님께 의탁하며,
삶의 모든 순간에 주님께 나아가게 가르쳐 주세요.

하나님, _____가 기도의 시간을 소중히 여기며,
그 안에서 주님께서 풍성히 부어 주시는
지혜와 평강을 얻도록 인도해 주세요.
어려움 속에서도 기도로 담대히 나아가는 믿음을 갖고,
하나님의 능력을 고백하는 자녀가 되기 원하며
예수님의 이름으로 기도합니다. 아멘.

my prayer

_____

_____

_____

_____

45일

복음에 헌신하는 청소년

그러므로 너희는 가서 모든 민족을 제자로 삼아
아버지와 아들과 성령의 이름으로 세례를 베풀고 (마태복음 28:19)

복음 전하기를 기뻐하시는 하나님,
사랑하는 _____가 복음을 삶의 중심에 두고
그 복음을 전하기 위해 헌신하는 자녀로 자라길 기도합니다.
예수 그리스도의 구원의 소식을 기쁨으로 전하며,
주님께서 맡기신 사명을 충성스럽게 감당하게 도와주세요.

주님, _____가 복음을 들을 때마다
예수님을 향한 마음과 생각이 뜨거워지게 하시고,
복음을 전하고자 하는 열정을 주셔서
말과 행동으로
복음을 증거하는 삶을 살기를 간구합니다.

삶 속에서 하나님의 사랑이 드러나고
많은 이에게 주님의 은혜를 전하는
축복의 통로가 되게 해 주세요.

예수님 때문에 살고, 예수님 때문에 공부하고,
예수님 때문에 최선을 다해 준비하고,
예수님 때문에 비전을 두고 소원하는 마음을 주세요.

어떠한 어려움 속에서도 담대히 나아가
복음의 능력을 날마다 체험하기를 기도합니다.
하나님 나라를 확장하는 일에 헌신하는
_____가 되기를 소원하며,
예수님의 이름으로 기도합니다. 아멘.

my prayer

_____

_____

_____

_____

46일

삶으로 예배하는 청소년

내가 노래로 하나님의 이름을 찬송하며 감사함으로
하나님을 위대하시다 하리니 이것이 소 곧 뿔과 굽이 있는 황소를 드림보다
여호와를 더욱 기쁘시게 함이 될 것이라 (시편 69:30-31)

삶의 예배를 기뻐하시는 하나님,

사랑하는 _____가 예배를 통해

세상에서 경험할 수 없는

참된 만족과 기쁨을 경험하게 해 주세요.

예배를 드릴 때마다 하나님의 얼굴을 바라보며

삶 전체를 하나님께 드리는

거룩한 예배자로 살아가기를 소원합니다.

어떤 상황과 형편 속에서도

예배가 해답임을 고백하는 자녀로 인도해 주셔서

힘들 때 예배하고, 눈물지을 때도 예배하며,

삶의 성취를 이룰 때도 예배하고,

감사의 제목이 있을 때 더 뜨겁게 예배하는
평생 예배자로 살게 인도하여 주세요.

사랑하는 _____의 삶이 때로는 흔들릴 때
예배를 통해 질서와 중심을 바로잡도록 해 주시고,
자신을 얽매이고 짓누르던 세상의 가치와 일들이
예수님의 은혜로 참된 자유함을 얻도록 도와주세요.

하나님을 기쁘시게 하는 것이
가장 가치 있고 귀한 일임을 믿음으로 고백하여
다윗처럼 하나님 마음에 맞는 삶이 되기를 소망합니다.
예수님의 이름으로 기도합니다. 아멘.

my prayer

47일

복음을 전하는 일에 열정을 품는 청소년

너희는 온 천하에 다니며
만민에게 복음을 전파하라 (마가복음 16:15)

온 세상에 복음을 전하시는 하나님,
사랑하는 _____가 복음을 전하는 일에 열정을 품고
복음을 전하는 사명을 충성스럽게
감당하는 자녀로 인도해 주세요.

자신이 주님께 받은 사랑이
얼마나 놀랍고 큰지를 깨달아
예수님을 증거하고
주님을 마음껏 자랑하는 삶이 되게 이끌어 주세요.

예수님의 마음을 점점 닮아감으로
한 영혼을 사랑하는 마음을 부어 주셔서

긍휼의 마음, 섬김의 마음으로
그리스도의 사랑을 전하게 해 주세요.

성령님께서 _____와 늘 함께하셔서
담대함이 필요할 때, 사랑이 필요할 때,
용기가 필요할 때, 헌신이 필요할 때마다
그 마음과 생각을 주장하여 주셔서
복음을 전하는 발걸음이 되도록 동행해 주세요.

_____가 자신의 삶을 주님께 드려
하나님의 나라를 확장하는 도구로 사용되기를 원하며
예수님의 이름으로 기도합니다. 아멘.

my prayer

48일

교회와 공동체를 섬기는 청소년

너는 진리의 말씀을 옳게 분별하며 부끄러울 것이 없는
일꾼으로 인정된 자로 자신을 하나님 앞에 드리기를 힘쓰라 (디모데후서 2:15)

신실하신 하나님,
사랑하는 _____가 교회에서 헌신하며
하나님께서 기뻐하시는 일꾼으로
준비되고 사용되기를 기대합니다.
진리의 말씀을 날마다 사랑하며,
그 말씀을 삶의 기준으로 삼아
신실한 믿음의 길을 걷게 도와주세요.

주님, _____가 교회 공동체 안에서
함께하는 사람들의 소중함을 알며
하나님께서 부르신 자신의 역할을 깨닫고,
작은 일에도 충성하는 겸손한 마음을 품게 해 주세요.

섬김의 봉사를 통해 은사와 믿음을 발견하며,
그 은사가 하나님 나라를 세우는 데
거룩하게 사용되도록 새 힘을 공급해 주세요.

교회를 통해 하나님의 사랑을 더 깊이 체험하고
평생을 함께 할 믿음의 동역자들을 만나며
그 사랑으로 세상을 변화시키는 자녀가 되기를 구합니다.

주님의 몸 된 교회를 섬기는 기쁨이
_____의 삶 속에서 풍성히 넘치게 이끌어 주세요.
예수님의 이름으로 기도합니다. 아멘.

my prayer

49일

주님과 친밀함을 나누는 청소년

너희가 내게 부르짖으며 내게 와서 기도하면
내가 너희들의 기도를 들을 것이요 너희가 온 마음으로 나를 구하면
나를 찾을 것이요 나를 만나리라 (예레미야 29:12-13)

임마누엘의 하나님,
사랑하는 _____가 주님과의 친밀한 관계를 기뻐하며
기도와 말씀 속에서
주님을 더 깊이 만나기 원합니다.
삶의 모든 순간에 주님께 나아가 마음을 드리고,
주님의 음성을 듣는 기쁨을 누리게 도와주세요.

부르짖을 때 들으시는 하나님,
마음이 상할 때 치료하시는 하나님,
간절히 찾을 때 만나 주시는 하나님,
언제나 어디서나 함께 하시는 하나님이
나의 하나님이심을 고백하도록 인도해 주세요.

주님, _____가 주님과의 교제를 통해 참 평안을 얻고
그 사랑 안에서 영적 자신감과
흔들리지 않는 견고한 자존감을 갖기를 원합니다.
어떠한 상황에서도 주님과 동행하며,
그 동행 속에서 주님의 임재를 느끼게 해주세요.

주님과의 친밀한 교제가
좋은 성품으로 이어지게 하셔서
많은 사람이 _____를 통해
위로와 회복을 얻도록 동행해 주세요.
예수님의 이름으로 기도합니다. 아멘.

my prayer

_____

_____

_____

_____

사춘기 자녀, 어떻게 대해야 할까? ❼ / 사춘기의 신앙

사춘기의 신앙,
가정과 교회가 함께할 때 더 깊어져요

청소년기의 자녀들은 단순히 교회에 출석하는 것 이상으로 신앙에 대한 깊은 질문을 품기 시작합니다. "나는 누구인가?", "하나님을 믿는다는 것은 무엇일까?"와 같은 고민이 생기면서 신앙이 개인적인 여정으로 확장되기 시작합니다. 이때 신앙 공동체는 자녀가 믿음을 더욱 깊이 배우고 성장할 수 있도록 돕는 중요한 역할을 합니다.

성경은 우리가 '그리스도의 한 몸'(롬 12:5)이라고 말씀합니다. 신앙 공동체는 서로 연결되고 도우며 함께 성장하는 곳입니다. 부모가 아무리 가정에서 신앙을 가르치려 해도, 교회의 역할을 대신할 수는 없습니다. 부모가 가정에서 믿음을 심어 주고, 교회 공동체가 이를 더욱 풍성하게 키워 줄 때, 자녀는 더욱 건강하게 신앙을 뿌리내릴 수 있습니다.

하지만 때로 부모님들은 "교회에 가서 아이의 신앙이 뜨거워지면 좋겠다"는 기대만 막연히 품거나, 가정에서의 신앙 교육만을 고집하기도 합니다. 중요한 것은 가정과 교회가 함께 협력하며 자녀를 믿음으로 이끌어 가는 것입니다.

1. 자녀가 교회의 다양한 활동을 경험하도록 격려하기

주일 예배뿐만 아니라, 청소년부 모임, 찬양팀, 봉사활동, 수련회 등에 참여할 기회를 독려해 주시고 적극 지원해 주세요.

2. 신앙의 본 보여 주기

부모가 교회 공동체 안에서 적극적으로 교제하고 섬기는 모습을 보이면, 자녀도 자연스럽게 신앙의 본을 배우게 됩니다.

3. 가정 예배와 교회 예배를 연결하기

주일 말씀을 가정에서 다시 이야기하거나, 가족 채팅창에 느낀 점을 나누는 등의 작은 실천은 자녀가 신앙에 더 깊이 뿌리 내리게 합니다.

4. 믿음의 멘토를 연결해 주기

부모 외에도 교회학교 교사나 목회자, 신앙의 선배들을 통해 자녀가 영적인 지도와 격려를 받을 수 있도록 도와주세요.

디모데후서 1장 5절에서 바울은 디모데의 '거짓 없는 믿음'이 외조모 로이스와 어머니 유니게에서부터 시작되었음을 칭찬합니다. 믿음은 가정에서 시작되지만, 교회 공동체를 통해 더욱 깊이 확장됩니다. 자녀가 교회에서 신앙을 배우고 성장할 수 있도록 부모가 열린 마음으로 격려해 준다면, 자녀는 어려운 상황 속에서도 하나님을 더욱 신뢰하며 담대히 살아갈 힘을 얻게 될 것입니다.

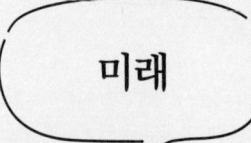

미래

불안 속에서도 하나님만
바라기를 소망할 때

50일

하나님의 꿈을 비전으로 품은 청소년

네 마음의 소원대로 허락하시고
네 모든 계획을 이루어 주시기를 원하노라 (시편 20:4)

우리를 다 아시는 하나님,
사랑하는 _____가 진로에 대한
모든 꿈과 계획을 하나님께 맡기며
준비해 나가는 자녀가 되기를 기도드립니다.
자신의 뜻이 아니라 주님의 뜻을 구하며,
우리 인생 전체를 이끄시는
하나님의 선하신 인도하심을 신뢰하게 도와주세요.

주님, _____가 삶의 중요한 선택에서
기도로 하나님의 계획을 묻고,
주님께서 예비하신 길을 따라가게 인도해 주세요.

하나님께서 주신 은사와 달란트를 발견할 때,

감사와 기도로 나아가게 하셔서

부족하거나 없는 것을 비교하기보다

_____에게 주신 것에 감사하는 마음을 허락해 주세요.

그 강점들을 더 성장시키고 극대화할 수 있는

은혜와 지혜도 더하여 주세요.

사랑하는 _____가 자신의 꿈을 이뤄갈 때

하나님께 영광 돌리며

지금까지 인도해 주신 하나님께 찬양하는

그날을 바라고 기대하며

예수님의 이름으로 기도합니다. 아멘.

my prayer

_____

_____

_____

_____

51일

믿음 안에서 가정을 이루는 청소년

여호와께서 시온에서 네게 복을 주실지어다
너는 평생에 예루살렘의 번영을 보며 네 자식의 자식을 볼지어다
이스라엘에게 평강이 있을지로다 (시편 128:5-6)

가정을 만드신 하나님,

사랑하는 _____가 믿음 안에서

하나님께서 기뻐하시는 가정을 이루기를 소원합니다.

주님의 말씀과 사랑을 중심으로 가정을 세우며,

그 가정이 하나님의 영광을 나타내는

축복의 통로가 되게 도와주세요.

_____가 믿음의 배우자를 만나

서로를 존중하고 아끼고 사랑하며,

하나님의 뜻 안에서 함께 성장하는 가정을

이루도록 인도해 주세요.

_____가 이룰 가정이

기도와 예배가 중심이 되며

하나님의 축복과 평강이 늘 함께하는

참된 쉼과 안식이 있는 거룩한 처소가 되게 해 주세요.

반려자를 존중하는 마음을 주시고

그리스도께서 교회를 사랑하심같이 서로 사랑하며

자기 자신처럼 상대방을 사랑하는 마음을 구합니다.

서로 노엽게 하거나 낙심을 주지 않으며,

서로를 긍휼히 여겨 생명의 은혜를 함께 이어받을 자로

귀히 여기고 아끼는 선한 마음을 주세요.

예수님의 이름으로 기도합니다. 아멘.

my prayer

_____

_____

_____

_____

52일

하나님 나라를 위해 사는 청소년

너희는 먼저 그의 나라와 그의 의를 구하라
그리하면 이 모든 것을 너희에게 더하시리라 (마태복음 6:33)

거룩하신 하나님,
사랑하는 _____가 삶의 목표를
하나님 나라와 하나님의 의를 구하는 데 두고,
하나님 나라를 위해 헌신하는 사람으로 자라기를 간구합니다.
돈과 명예를 좇는 세상의 성공이 아니라
하나님과 하나님 나라를 구하는 것을
인생의 가장 큰 기쁨이 되게 도와주세요.

주님, _____가 하나님 나라를 위해
시간과 재능을 헌신하며,
삶의 모든 순간에 주님께 영광 돌리는
축복의 길을 걷게 붙들어 주세요.

작은 섬김도 기쁨으로 감당하며
하나님 나라의 확장을 위해 열정을 품고 살아가기 원합니다.

나만을 위해 최선을 다해 살아가는 자녀가 아닌
더 큰 하나님 나라와 모든 민족과 열방을 품으며
사랑의 마음과 뜨거운 열정으로
새 하늘과 새 땅을 선포하는 하늘의 자녀가 되게 해 주세요.

마침내 _____가 이런 고백을 하기 원합니다.
"이 모든 것을 하나님께서 이루셨습니다!"
"하나님만이 내 삶의 주인이십니다!"
이 일을 행하실 예수님의 이름으로 기도합니다. 아멘.

my prayer

사명선언문

너희가 흠이 없고 순전하여……세상에서 그들 가운데 빛들로
나타내며 생명의 말씀을 밝혀 _ 빌 2:15-16

1. 생명을 담겠습니다
만드는 책에 주님 주신 생명을 담겠습니다.
그 책으로 복음을 선포하겠습니다.

2. 말씀을 밝히겠습니다
생명의 근본은 말씀입니다.
말씀을 밝혀 성도와 교회의 성장을 돕겠습니다.

3. 빛이 되겠습니다
시대와 영혼의 어두움을 밝혀 주님 앞으로 이끄는
빛이 되는 책을 만들겠습니다.

4. 순전히 행하겠습니다
책을 만들고 전하는 일과 경영하는 일에 부끄러움이 없는
정직함으로 행하겠습니다.

5. 끝까지 전파하겠습니다
모든 사람에게, 땅 끝까지, 주님 오시는 그날까지
복음을 전하는 사명을 다하겠습니다.

서점 안내

광화문점	서울시 종로구 새문안로 69 구세군회관 1층 02)737-2288 / 02)737-4623(F)
강남점	서울시 서초구 신반포로 177 반포쇼핑타운 3동 2층 02)595-1211 / 02)595-3549(F)
구로점	서울시 동작구 시흥대로 602, 3층 302호 02)858-8744 / 02)838-0653(F)
노원점	서울시 노원구 동일로 1366 삼봉빌딩 지하 1층 02)938-7979 / 02)3391-6169(F)
일산점	경기도 고양시 일산서구 중앙로 1391 레이크타운 지하 1층 031)916-8787 / 031)916-8788(F)
의정부점	경기도 의정부시 청사로47번길 12 성산타워 3층 031)845-0600 / 031)852-6930(F)
인터넷서점	www.lifebook.co.kr